五四细节

陈占彪 著

复旦大学
出版社

青岛之名，原系前海之一小岛，后人不察，多以青岛名胶澳全区，相沿既久，人遂多不知真正之青岛所在矣。1898年3月6日，德国借口曹州教案强租胶澳。图为颇为稀见的青岛早期彩色照片。

图片选自班鹏志：《接收青岛纪念写真》，商务印书馆1924年版

The German Watch in Kiao-Chau

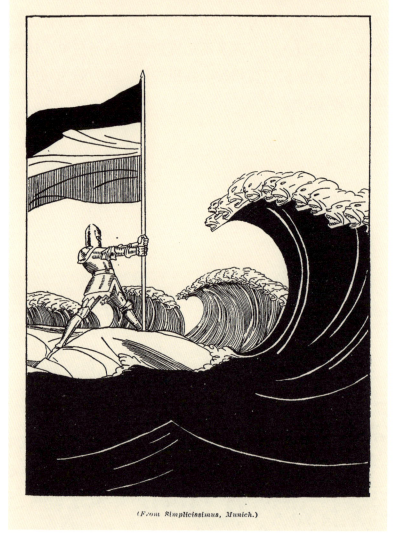

(From Simplicissimus, Munich.)

图片选自 Current History, Vol.1, No.3, March, 1915

一战爆发后，日本应其盟友英国请求，于1914年8月23日向驻守青岛的德军开战。图为德人严守青岛的漫画。

攻击青岛的日军，不意竟选择南距青岛一百五十英里外的龙口为登陆之处。登陆后的日军横穿山东半岛，"沿途占据城镇，收管中国邮电机关，征取人工物料，困苦居民，皆视为必要之举"。图为日军正在青岛海面登陆的情形。

Japanese Bluejackets Coming Ashore Near Tsing-Tau.
(Photo from Paul Thompson.)

图片选自 Current History, Vol.1, No.5, February, 1915

守备青岛的德军投降,日本遂取代德国而据之。"你想称雄东亚,你是个癞狗。"

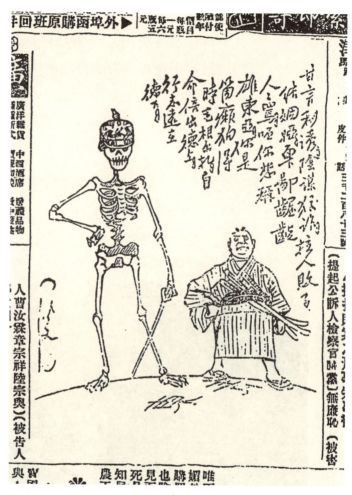

图片选自《益世报》1919年5月15日,第10版

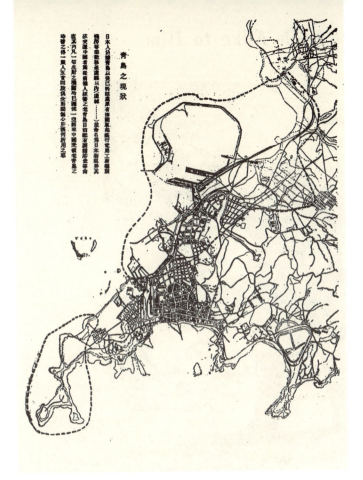

图片选自吴浩然编著：《上海泼克》，齐鲁书社 2016 年版

当日本向德国开战之时，即萌不轨之心，待到日人占据青岛后，又起盘踞之意。盘踞青岛的日人更是将原有海关、车站、银行、电局、工厂、码头、栈房等一些生财之机关悉数迁移至虚线所标的所谓日本"新租界"之内，以备届时归还给中国一个空洞无物的青岛，其奸诡之心理可见一斑。

图片选自 Current History, Vol.2, No.3, June, 1915

　　一战期间，德国实施无限制潜艇战，中国"以德国施行潜水艇计划，违背国际公法，危害中立国人民生命财产"为由，于1917年8月14日对德宣战，加入协约国战团。

1918年11月11日，德国宣告投降。图为漫画《老虎钳中之德皇》。

图片选自《上海泼克》

　　站在协约国一方的中国，先后派有近 14 万名华工前赴欧洲，服务战场。"华工不仅参与军火制造及后勤支持，且于战火下担任运输、挖掘战壕等工作，并有实际参加作战，

图片选自《诚报》1917年9月19日

辅助战事之进行者。"(陈三井:《华工与欧战》,台北:近代史研究所1986年版,第179页)图为在法国参加一战的华工在表演踩高跷。

目

前言　首举抗日爱国旗 —————————————————— 001

五四细节 ———————————————————————————— 001

星期天　004

烈日炎炎、尘雾滚滚　004
芮恩施去门头沟了　007

白旗　011

为曹、陆、章"出丧"　011
"欣然同意"是导火索　016
两个"换文"的原委　019
还有"二十一条"旧账　022
说他卖国，拿证据来　027
"我之亲日，并非媚日"　031

老前辈　036

"难道我们做官的就不爱国"？　037
"火起，请学生速整队归去！"　040
优待？虐待？　045
军警跪地哀求学生不要演讲　047

录

火柴 052

曹家放火，嫁祸栽赃？ 052
"他要我快跑去买盒火柴" 056
高师的"秘密小会" 060
文北大，武高师 065
迎面一砖，当头一杆，浑身臭蛋 069
"最好我们到检厅自首，判什么罪，情愿领受" 073

巴黎五四 107

博迪古公园：捐躯 109

既有"劳工"，更有"战士" 110
中国对"一战"没有任何贡献？ 113
"嫁给他一定很好" 116
迟到的认可 117

吕特蒂旅馆：内讧 120

代表席位之争 121
汪精卫："我要当你面打他耳光" 124

哲人厅：对话 126

"二十一条"是不是你陆徵祥签的字？ 126

目

王正廷："不得自由虽不死不如死" — 130
"设政府令诸公变更态度，将若之何？" — 134

圣克卢医院：阻签 — 139

病气交加避医院 — 139
签，还是不签？ — 141
围堵陆徵祥 — 142
唯一拒签对德和约的国家 — 145

圣日耳曼官：完约 — 147

东邻有拒我单签奥约之意 — 147
只说陆代表"跟山东人一齐受苦" — 149

五四精神 — 167

青年节的设置和重置 — 170

向蒋委员长和毛泽东同志献旗 — 170
"人民却偏不肯忘记五四" — 175

"反卖国政府"精神的潜伏、涌动和爆发 — 179

"他们"对于学生的希望 — 179

"反帝"精神压倒"反政府"精神　181
"×朝忌避五四的社会革命的精神"　183
反抗国内的法西斯压迫者　186

国民党的"五四批判"　189

"时代变迁论"与"远离政治论"　189
你国民党有种骂骂五四看　193

国民党的五四阐释　196

"链条之一环"和"洪流之一支"　196
五四为国民革命所启示?　199
孙中山"监临"五四?　200
国民党党员蔡元培"同志"　203
五四为国民党改组做了准备　205
成败迥异的阐释　208

附录　用强力拥护公理　219

前言

首举抗日爱国旗

五四运动,转眼百年。

一百年前,率先觉悟的学生奔走于前,闻义而动的工商阶层奋起于后,全国上下,发扬踔厉,各行各业,各奋公诚,汇成了一股气势磅礴的爱国洪流。

一百年来,对于五四运动,我们或微言大义,或大而化之,或胡戴高帽,或乱打棒子,或故弄玄虚,或敲打边鼓,把简单的问题复杂化,把明显的问题含混化。

那么,五四运动最大的特征是什么?一言以蔽之:五四运动是一场"爱国运动"。陈独秀就说,"如若有人问五四运动的精神是什么?大概的答词必然是爱国救国"。胡适亦云,"五四运动是青年爱国运动",它"完全是青年人爱国思想暴露"。

"把我们的眼泪,化作太平洋的洪水,淹没那区区三岛吧!"(蔷薇园主编订:《五四历史演义》,上海读书生活出版社1937年版,第120页)五四因抗日而激起,抗日为五四之目的。景学铸云:"此次运动,爱国为其唯一目标,抗日实为触发动力。"梁敬𬭁有云,"这场运动,乃中华整个民族意识——抗日复权的意识——的觉醒,怒火的爆发"。抗战时期,罗家伦也在五四运动中找到了抗日的源头,他称，"全中华民族抗日的大纛，是五四运动首先举起来的"。

可见，五四运动是一场以抗日为中心的爱国运动，舍此爱国运动之性质而大谈、奢谈五四，无异于缘木求鱼、舍本求末。

五四运动中有小学生决议不购食日制之奶糖，有牙医明白标示"不医仇人"，有海宁父老开会削去陆宗舆乡籍，并为其勒"卖国贼"石碑，有南洋同学提议开除章宗祥学籍，并在校中铸像惩奸……为了抗日除奸，人人身体力行。

就连被举国视为"卖国贼"的章宗祥的年仅十二岁的堂弟章宗传，亦愤然立下弃奸兴国之誓言。五四后，章宗传立誓云："进忠良而弃奸佞，灭日本而兴祖国，弃我身而致力国家，是我之志也。我身体弱而不能为将，虽然，我亦必死而后已也。夫关壮穆、岳武穆之志，亦惟此数字耳，惟能行之耳。章宗传必行此数言，汝毋为奸臣，汝亦毋忘此数言。中华民国八年十一月十三日即阴历九月廿一日，时年十二岁。"（沈宗瀚：《沈宗瀚自述》，台北：传记文学出版社1984年版，第60—61页）

更可贵者，即便处于社会边缘的"三教九流"，如妓女、伶人、扒手、乞丐、帮会、苦力、囚犯辈都能激发天良，担责兴亡。

上海"花界"的林黛玉、笑意、艳情、花娟娟、洪第、金第等数十名歌妓号召同行于"二十一条"日本通牒中国的"国耻纪念日"停止歌宴一天，以志纪念。各家门首，俱粘贴"五月九日国耻"字样。并互相劝告，此后购用国货，以免利权外溢。

又有妓女妙莲者，以五十元捐助国民大会，印制《敬告花界同胞书》，分发各处妓院，其中说道："我们中国到了将亡未亡的时候了，现在所以未亡，全仗一点国民的志气。"并对花界同行提出八条倡议："一请花界哀恳各界，一致救护被捕爱国学生。一请花界同胞不购日本货。一请花界同胞，不可收受日本纸币。一请花界同胞，将波兰、朝鲜亡国苦处，择要印在局票后面。一请花界同胞，将国耻纪念二十一条，印在请客票后面。一请花界同胞，劝人文明抵制，不可稍有暴烈行为。一请花界同胞，普劝我商家，国货万万不可涨价。一请花界同胞，量力捐助国民大会，及学生联合会经费。"

待到上海罢市之时，青楼亦积极响应罢市号召。名妓鉴冰停止营业，门前贴一红纸条，大书"谢征救国"四字。非但罢市，鉴冰、笑意、金书玉、妙莲诸名妓还组织"青楼救国团"，散发传单。其中称："我们花界，斯业虽贱，爱国则一。愿我同胞，抱定宗旨，坚持到底。国贼弗除，学生不放，誓死不休。第一要紧，切勿暴动。如遇日人，佯作不见，倘伊寻事，逆来顺受。莫堕奸计，至要至要。特此奉告。青楼救国团泣告。"还有的积极参与维持秩序，有名妓花云玉偕小花园妓女蕙勤，驾汽车驰行大马路、四马路一带，车上插有白旗，书"警告同胞切勿暴动"等字。鉴冰等妓又于福州路230号倚虹楼番菜馆隔壁设学生饮茶休息所，犒劳学生。门前张一大纸，上书："青岛问题发生，各界一致罢歇，学生为国热忱，吾界不忍坐息，敬备箪食壶浆，为君充饥解热。并非沽誉钓名，不过稍尽绵力。妓界泣告。"

京沪罢市罢课消息传到海门后，能歌善唱的海门妓女夏蕙卿邀姊妹四十余人开会，议与工商学界采取一致行动。其宣言中有云："蕙卿虽粗识之无，亦知大体。自怜薄命，虽系堕溷之花，敢诩热心，忝作高林之木。但时事如此，国势如此，人心之忿激如此，我姊妹其各奋此娉婷之质，期作桴鼓之助。"并拟具办法四条，其中有自制爱国歌、提倡国货歌、讨卖国贼歌,分头拍唱,尽其所长,"唱歌救国"。

据传当在沪参加南北和谈的某代表招妓时,妓答之曰:"国事多难,无心应召。"时人曰:"嗟夫!妓女于酣歌曼舞之余,犹知爱国,吾不知当今之纱帽式外交圣手,胡甘心冒大不韪哉?"真可谓"商女都知亡国恨"。

上海演艺场所、演艺人员爱国亦不落后于人。上海舞台名伶冯子和组织"救国十人团",召集同业会议,到者二百余人。冯君当众演说,略谓:"天下兴亡,匹夫有责,今以四万万之人民,而不能保三万余方里之中华民国,清夜扪心,能不惭汗。吾辈伶人,同为国民,则扶倾危之时局,挽既倒之狂澜,责任所在,决不能辞。愿与同人共勉之。"钱化佛、张五宝、张振羽诸君相继演说,听者无不动容。后来冯、钱等人亲临街头,散发"文明救国切勿暴动"的传单。"又共舞台坤伶露兰春、小桂红、小月红、小金铃等,亦仿中华救国十人团办法,发起坤伶救国十人团。闻赞成者颇不乏人。"

为减轻园主、场主因罢市造成的损失,伶人主动分担损失。"大舞台与天蟾丹桂等各戏园伶人,以及新世界等各游戏场内之说书、评话、戏法、玩具等各部人员,以园主场主愤于大义,一律罢市停锣,其所受损失,较诸他业为巨,故均自愿牺牲一切利益,其包银等项,按月扣除,俾轻园主场主之负担,得能持久,而己亦稍尽国民义务之天职。"

当上海罢市之际,扒手、乞丐亦闻令收手。"青红帮于上海罢市之日,由首领召集会议。议决,无论罢市若干日,所有盗窃扒手,一律停止。若有违背者,照帮规处罚。此消息前数日已有所闻,但不知确否。今罢市已六日，竟无此项事件发生。"这也得到捕房的印证："六日内无一件窃案，马路无一强索乞丐。"城市秩序悄然好转。"自罢市以来，路上乞丐，几不见其踪迹。闻天后宫中人云，乞丐之首领，六日曾有通告，不准在路行丐，以免妨碍国人救国之行动。其业扒手掏摸者，亦各有首领，与丐首下同一之通告，戒令罢市期内，不许行偷。故六日以来，市上绝无失窃之事。"在另一处，我们可以看到丐首的沉痛而高水平的"内部发言"，谓："今日之文武□□，皆是盗贼，□□尤为盗贼之魁。我辈今日反对政府有盗贼之行为，则我辈自身，自不当再为盗贼。"要知道，乞丐小偷"罢手"，直接影响到其生计，而他们"小盗"的觉悟竟比"大盗"的觉悟还要高。

宗教界亦不做"化外之人"。杭州西湖孤山广化寺住持谷云，亦因国内纷争、外交失败，特在该寺内发起祈祷世界和平大会，讽诵楞严神咒七昼夜，以泯一切刀兵。"虽曰迷信，亦足见宗教家之悯世云。"

至于处于社会底层的苦力、小工也上街游行，散发传单。"有小工数百人，游行街市，泥涂手足，油漆未涤，臂圈白布，上书一'救'字。旁有类似排长者，手小旗，亦书'救'字。前导一横额云：'吾工界同人，从商学两界后，一致行动。'""南市有身穿蓝衣之苦力多人，肩负白布旗，上书'万众一心，坚持到底'八大字，手各摇铜铃，沿途引吭狂呼：严守秩序，万勿暴动。目的不达到，不可开门等语。"也有罢工未成的清洁夫退而求其次，"特集资刊印一种传单，于清洁街道时随手布送"。

还有苦力船工不为金钱所动，拒载过江日人。"有二日人，自浦东春江码头雇舢板（小船）渡浦，舢板婉言却之，命乘义渡。该日人行至义渡，仍被拒绝。于是该日人知不为渡，即许以多金，自四角递增至二元（常例舢板六十文，义渡十文），无一应者。"

更有囚犯不吃日本咸鱼。"工部局之改过局内囚犯因饭菜中有咸鱼一盆，系日本货，众见之不愿食。皆曰此东洋鱼也云。"（以上"三教九流"之爱国义行，皆选自海上闲人：《上海罢市实录》，公义社1919年版）

从以上社会诸阶层表现的爱国热忱，足见人心不死。只要人心不死，中国就有希望。

可以说，爱国主义，是五四留给人们的最重要的遗产。对今天的人们来说，尤当学习、继承和发扬。

可是，在信息和交通高度发达，四海几乎成一家，认同方式多元（性别、宗教、年龄，甚至疾病），"国家相对弱化"（〔日〕入江昭：《我们生活的时代》，王勇萍译，中信出版社2016年版，第105页）的今天，我们还需要强调国家、民族吗？周策纵说，美国研究民族主义的学者谢弗教授（Boyd C. Shafer）所著《民族主义的各种面貌：新现实与旧神话》（*Faces of Nationalism: New Realities and Old Myths*，1972年，纽约）一书，对于民族主义的历史及其在现代各国的趋势，作过精密分析，他的结论认为："虽然有人期望国际主义和世界政府，但绝大多数人还情愿受'民族国家'的保护。""照目前中国的处境看来，'五四'时代知识分子和一般大众热忱抵抗外国侵略，保障领土主权完整的传统，也许还会受到重视。至少在可见的将来还会如此。试问目前有哪一个国家肯放弃这些呢？"（周策纵：《"五四"运动史·繁体再版自序》，陈永明等译，世界图书出版公司2016年版，第17页）美国总统特朗普高举"美国优先"的大旗，英国首相特雷莎·梅积极推动英国脱欧，哪一个是为了别国别人着想?

　　这本小书主要由三个篇章构成,分别是五四细节、巴黎五四、五四精神,希望能从一些特别的角度对"老生常谈"的五四运动做出一点较为新鲜的论述。为避繁琐,本书删去了一些较为常见的文献出处,只保留一些较稀见的引文的出处。

　　今蒙复旦大学出版社垂青而得以出版,为五四百年贺,不胜荣幸也。

陈占彪

2018年7月31日

五四

细节

1979年，在中国社会科学院组织的"五四"六十周年座谈会上，当年的"五四青年"杨东莼先生说："社会科学院写一本历史书，给青年人看看，但不要写八股文。现在有人还写八股文，写来写去还是那么几句，历史书要有事实，有形象，感染、教育青年人。"

　　今天，我们关于"五四运动"是不是"还是那么几句"呢？比如，5月4日那天，京城十三所高校三千余名学生，愤慨于巴黎和会中国外交的受挫，焦灼于日本将接手德国在山东的"利益"和"特权"，聚集天安门，游行使馆区，火烧赵家楼，痛殴章宗祥……数十年来，这一有关"五四"的表述耳熟能详，妇孺皆知。

　　对于1919年5月4日那天发生的事情，虽然不同人的回忆、叙述一定会有"小出入"，但在"大关节"上还是八九不离十的，脉络也大致清晰。也就是说，关于五月四日的学生运动，我们向来就有或只有大框架、粗线条，远看宏伟壮观，然而，待到接近它时，却又模糊不堪，可谓"草色遥看近却无"。因此，要做到杨东莼所说的"有事实"，进而要做到"有形象"，又谈何容易。

　　怎么办呢？于是，我们需要细节，寻找、回味，甚至思考那一星半点、生动可感的细节，唯有如此，方能使那模糊的"五四"清晰起来，使抽象的"五四"具体起来。然而，细节的意义也许还不局限于此，它看似无关宏旨，有时却举足轻重。通过对细节的"把玩"，甚至可以纠正我们关于"五四"的一些"刻板印象"。

且让我们看看"五四"当日游行中的几个细节。

星期天

烈日炎炎、尘雾滚滚

关于1919年5月4日那天的天气情况，1954年，当年的三十二名被捕者之一杨振声这样回忆道：

> 5月4日是个无风的晴天，却总觉得头上是一天风云。

"头上是一天风云"自然是五四当日，及五四之后的"心理感受"，不过，五四当天是一个"无风的晴天"，晴天确是晴天，当然也有人说那天是刮过风的。

我们且看当年的气象记录。当时的报纸不像今天的报纸，报头并没有天气预报，但在1919年5月5日《晨报》记者的报道中可以看到当初的天气情形："昨日为星期日，天气晴朗。"这样的记载应当是准确的。再查《鲁迅日记》，这天的天气状况是："昙。"记载略有不同。但总的来说，5月4日这天是个好天气，天空应当还飘有些白云。

这个良好的天气状况并不为人注意，但这样的天气与学生那天的一系列行动其实有着重要的关联。

这一天，天安门广场前"聚集着这个祖国的大群愠怒的儿女"。在晴天的时候，人们常常感觉不到晴天为我们省去的很多麻烦。可以想象一下，如果学生游行不是在5月4日，而是在三天前的5月1日，将会怎样？5月1日，北京可是一个雨天，而且"午后大风"，假如在这样一个既刮风又下雨的天气状态下，三千京城学子还能从四面八方汇聚到天安门广场吗？在这种情况下，云集到天安门广场的学生还能激昂地打出标语、散发传单、发表演讲、高呼口号吗？旁观的市民还能"环集如堵"吗？然而，那天天气晴朗，一切就可以如历史上所描述的那样发生了。

天气不光影响人们的行动，而且影响人们的心情。也许除了寻求诗意的诗人、期待丰收的农夫之外，雨天对大多数人来说，总是让人觉得压抑、沉闷，而晴天则让人显得轻松、爽朗。五四当日学生的激动、激昂和激烈或许与那个晴天不无关系。

这又是5月的一天。

5月的北京，正值春夏之交，但5月4日那天的天气状况绝不是想象中的风和日丽、春暖花开。"北京四五月天气，多半燥热。"那天早晨有些微凉，午后就显得燥热。"刚入5月的北京天气，一清早虽还有点微凉之感，午间却已烦热，也正是初穿单衣的首夏。""快近十时，阳光渐热，大家拥立谈论，额汗蒸发。"早晨十时人都要出汗，更何况学生的集会和游行正是午后天气正热的时分。

再看陈其樵日记中的五四天气。5月4日的天气"晴暖"，"前日着棉，今日着单，北京气候之不定如此！"第二天，5月5日，天气变成"晴热"了，"天气忽然大热，如在伏天"。可见其时北京5月初天气之热。

正因为天热,就得换穿"单衣"了,但对当时的学生来说,"无单长衫者已多",再说单衣毕竟还是长衫,不是短衣,当时的学生,"不穿制服,也没有制服,一般是长袍马褂,时髦一点的穿长衫和西服裤",穿西装、短衣者极少。王统照说,"五月,恰是旧历的清和节候,在北京天气已然甚暖,学生无单长衫者已多,袷衣者也还有。那时一般大学生穿西服的只是偶有一二,学生短装者亦极少见(中学生穿学校制服者颇多)。所以在是日十二点以前,从'九城'中到天安门内的学生几乎十之八九是长衫人"。问题在于,长衫不能有效降温。

不光天气燥热,而且那天还刮了风,有的说大,有的说小。运动的参与者范云说,"四日的天气很晴朗,刮了几阵不厉害的风"。当时为北京协和女子大学一年级学生的冰心那天正请假在东交民巷的德国医院陪伴做了手术的二弟,她说,"那天窗外刮着大风,槐花的浓香熏得头痛"。这大风,对医院里的冰心送来的是槐花的浓香,但对外面游行的学生送来的却是满脸灰尘。

那时北京的马路不像现在的柏油路、水泥路,而以灰砂路、泥土路居多。五四当天下午四点,八岁的杨绛放学回家,她所乘坐的包车被游行学生们赶到阳沟对岸的泥土路上去。杨绛提到当年北京的马路:"这条泥土路,晴天全是尘土,雨天全是烂泥,老百姓家的骡车都在这条路上走。旁边是跪在地下等候装货卸货的骆驼。"在这样的路上,三千余人踩踏过去,再刮一阵风,顿时尘土飞扬,呛人口鼻。王统照说:"微微有西南风,故都中黑土飞扬今尚如旧,不要提几近三十年前,许多街道并没有洒上沥青油或经过压路机的碾平。漠漠风沙中,只凭清道夫用近乎游戏的挑桶洒水,干地稍湿,一会儿积土重飞。你想,这五六千人的有力脚步一经踏过是何景象?"萧劳回忆称,"那天气候炎热,尘土飞扬,游行同学无不汗流浃背,不得已队伍走出前门,由打磨厂向东,出东口复入崇文门,高呼口号向赵家楼挺进"。

天热尘大,没有棒冰,没有口罩。加之一路高喊口号,学生早已口干舌燥。王统照说:

> 那天,我预料午后的天会热,外面只穿了一件爱国布的单长袍,可还觉得格外沉重,一顶呢子礼帽不时摘下来当扇子遮着阳光,搧搧尘土。北京的街道在那时本来就是灰砂很多,正是春末夏初,阵风一起,加上这几千人的步行蹴踏,自然有一片滚滚的尘雾,直向鼻孔口腔中钻来。在焦热的空气中,大家的激情奋发,加上一路不停的高喊,口干舌燥,有些人的声音已经嘶哑,便把手中的小白旗和帽子、手绢一齐挥动起来。

在这样的太阳下、路面上、尘土中行走,等走到曹宅后,学生们已是满面灰尘了。"大家走到东城,已被飞扬尘土将眉毛鼻孔抹上了黄灰颜色。空中时有浮云,太阳也不怎么明朗,可是燥热得很,呼吸觉得费事。'上赵家楼,上赵家楼!'不知怎的,快到目的地了,这名称才传遍行列之中。"在这么一个燥热而尘土飞扬的环境中,屈辱和受挫的学生们的心情想必更加燥热,痛切、愤激、无助等情感就在这让人没法安静、没法耐心的环境中尽情地爆发了出来。

芮恩施去门头沟了

除了5月4日当日的天气条件之外,还要注意,这天又是一个

"星期天"。

对所有学生来说,包括对后来围观的市民来说,星期天又是一个公共休息时间,在这个休息日中,人们拥有一个可以自由支配的时间,而这对于游行这样的共同的、集体的行动来说,非常重要。

试想,如果北京各个学校、各个同学都有自己的功课安排,在没有罢课的前提下,各学校学生的集体行动又如何可能?正是这个星期日,上课这一阻碍学生集体行动的因素就被无形中消除了。

当时还是北京高等师范学校三年级学生的周予同这样说道:

> 五月三日是星期六,那天晚上这个组织在学校饭厅旁边的一间小屋里开会,一致主张用游行示威的方式来表示抗议,起初本想定五月七日或九日"国耻纪念日"举行,以便于宣传和组织;后来大家讨论,恐怕时间拖迟,消息泄露,会引起反动政府事前的阻止或镇压,而且第二天五月四日是星期天,不要同学罢课参加,也容易得到一般同学的同情而可以扩大人数。

可见,学生们对于"星期天"这一有利因素也不是没有考虑的。

"星期天"不光使全体学生拥有一个共同行动的时间,而且还因为这天各国公使休息,学生求见未果,情绪没能宣泄,而这蓄积高涨的愤激情绪,正是推动学生转往曹宅的一个因素。

这天,当学生队伍来到东交民巷各国领馆区求见美英法意等国公使时,他们这才发现,这天是星期天,公使们都不在使馆,特别是学生们最寄予厚望的美国公使芮恩施先生正在门头沟郊游呢!

芮恩施后来回忆说：

5月5日（按，当为4日）一群学生在使馆门口内出现，宣称要见我，那天我不在，正好去门头沟（在北京城西四十七里宛平县内）处的寺庙旅行，所以没有见到他们。

而英、法、意三国公使同样都不在，5月5日的《益世报》上说，"时美使芮恩施赴西山，到法使署时，法使已往三贝子花园，意英两使亦复以星期故皆已出游"。扫兴的学生只得留下了说帖。霍玉厚回忆时就说，"因为是星期日，公使不在，由一个普通的职员接见了我们的学生代表"。杨晦回忆说："谁知道，那天是星期天，他们不办公，也找不到人，只好把说帖丢在那里，就回来了。"事实上，只有美使馆人员接受了说帖，并答应转呈公使，而其他领馆人员不愿或不敢私自主张接收下来。凭借着"星期天"这个有利因素，学生们得以相对容易地集合起来，前往使馆区向列强表明他们的态度，却不料也正是因为这个"星期天"的不利因素，公使们都外出游玩去了。这次游行看来要落得个乘兴而来、败兴而归的下场。

在东交民巷，大队人马折腾了一个半小时左右的时间，他们又不被允准通过这块虽在中国土地上，但列强又拥有"治外法权"的使馆区，更达不到去使馆区东边日本使馆前游行示威的目的。长时间的等待、折腾而酝酿出的失望、沮丧、焦躁、愤怒诸味杂陈，涌上心头。

当年的参与者王统照说："由于第一个目的地被双重阻碍没曾达到，大家激愤的心情愈发高扬。"而另一个参与者杨晦则说，"大家都十分气愤，也十分泄气，说：'难道就这样回学校吗？'"于是，当有人大喊"到外交部去"，"到曹汝霖家去"时，学生游行的总指挥傅斯年已经控制不了这个局面，也阻挡不了学生的行动，就有了后面火烧赵家楼、痛殴章宗祥这些超乎大多数学生预料之外，但又在个别学生意料之中的事情来。

正是星期天公使们的出游，使得学生们在使馆区面临无功而返的局面，群情激愤，未能疏导，于是，一旦有人喊出去曹宅的号召后，学生们就一哄而去，而到曹宅后，这股民气就汹涌而出、势不可遏。"后来有人感叹，如果学生们得到各国公使的接见，有机会向国际社会表达意见，也许就不会发生火烧赵家楼的事件了。"可见，周末公使的出游这一偶然事件与此后学生在曹宅放火殴人的五四高潮有一定的关系。

如此看来，1919年5月4日那个"烦热的星期天"这个偶然性的、不为人注意的因素，在一定程度上与当日发生的一系列事件都有或多或少的关联。或者说，没有"烦热的星期天"这个气象的、假日的因素，五四运动完全可能是另一种状态。

当然，学生选择5月4日作为集会游行的日子，并不是完全冲着这个"烦热的星期天"而来的。他们本来是拟定于5月7日——四年前的这天，袁世凯政府不得不屈辱地接受了日本人最后的通牒，接受"二十一条"——举行国耻集会纪念，以抒发愤懑并提出抗议。只是"消息太紧张了，已经等不到5月7日了"，为了声援巴黎的外交，为了给政府施压，各校代表于5月3日在北京大学的三院礼堂召开大会，决定提前至5月4日集会，而各校学生得知这一天前往天安门广场集合的传告"已快近夜十一时了"。可以说，谁都没在意5月4日这天的天气是晴是阴，是风是雨，是热是凉，是工作日还是休息日。

白旗

提起 5 月 4 日那天的游行时，人们的头脑里立马会浮现出游行队伍中"爱国学生人手持各种颜色的小旗"的场景，五颜六色，煞是热闹。后来有回忆文章也说："北大同学在上午十点钟提前吃饭，饭后在马神庙（现在的景山东街）二院大礼堂前面集合，按着班级排队，由班长领队；总数约一千人，各拿着一面红绿纸的小旗子。"又是"红绿色"的小旗子。在后来一些文章中，关于五四叙述，我们常能看到学生"手里拿着各色各样的旗子、标语牌"之类的描述。

为曹、陆、章"出丧"

其实，更准确的情形应当是，"学生每人手持一面白旗，旗上写着'废止二十一条'……"那天，在游行队伍中，学生们打出的那些与谴责性情绪相关的横幅、标语、对联、三角小旗、漫画等宣传物，很大程度上都是"白色的"，而不是"花花绿绿的""五颜六色的"纸或布制作的。

这方面的描述很多，但不为人注意。杨亮功说："各校即制如许白旗，或荷或擎，整队而向天安门进发。"陶希圣说，"每一学生，各自手执白旗，或大或小，没有一定的尺寸"。王统照说，"在昨夜与清早准备的各样白布标语，横竖都有，用竹竿挑挂起来"，而在偌大的天安门广场上，"白旗舞动"。当时曹汝霖本人在家里看到的情形是这样的："有顷，见白旗一簇一簇出现墙外。"

准备到中央公园游览的《晨报》记者，当时恰巧路过天安门，遇到抵达天安门的学生队伍，他目击到这样的情形：

记者驱车赴中央公园浏览，至天安门，见有大队学生个个手持白旗，颁布传单，群众环集如堵，天安门至中华门沿路几为学生团体占满，记者忙即下车近前一看，见中间立有白布大帜，两旁用浓墨大书云："卖国求荣早知曹瞒碑无字，倾心媚外不期章惇死有头"，末书学界泪挽遗臭万古曹汝霖陆宗舆章宗祥种种激昂字样。

除了学生"个个手持白旗"外，需要注意的是，游行队伍中那幅著名的对联也是书写在"白布"上的。于是整个队伍形成了一种刺目的、晦气的、带有诅咒性的白色色调。

可是为什么都是一律的"白色"呢？因为这是一支"游行"队伍，同时也是一支"出丧"队伍，对，是为"卖国贼"出丧，而这正是学生们的目的和创意之所在。

特别是五四游行队伍前面高举的那幅"卖国求荣，早知曹瞒遗种碑无字；倾心媚外，不期章惇余孽死有头"的对联。这幅有名的对联是高师同学张润芝于5月3日连夜撰写的，这本身就是一幅"挽联"！

宋宪亭这样回忆说：

五四的前一天晚上是星期六，我到一个同学屋子里去串门（这个同学叫张润芝，字紫涵，山东乐陵县人。和我同时考入高师史地部），看见他的桌子上放着一块白布，笔墨俱全，说是要写挽联。我问写挽联送谁？他说你看看文就知道了。

上联：卖国求荣，早知曹瞒遗种碑无字

下联：倾心媚外，不期章惇余孽死有头

第二天出发时，张润芝用一根大竹竿将挽联挑着扛在肩上，他的身体较高，眼又近视，摇摇晃晃颇惹人注意。

张润芝以汉末以奸诈专权著称的曹瞒影射曹汝霖，以北宋哲宗时与蔡京沆瀣一气的宰相章惇影射章宗祥，今古"巨奸"，相互映衬，寥寥数笔，寸铁杀人。更值得注意的是，挽联的抬头是"卖国贼曹汝霖、陆宗舆、章宗祥遗臭千古"，我们常在丧仪上看人送有"流芳百世"的誉词，何曾见过赠人"遗臭千古"的恶语呢？而挽联的落款则是"北京学界泪挽"，"泪挽"中的那种嘲弄和讽刺亦"力透布背"。

五四那天，滚滚的游行队伍，挨挨挤挤的黑色的头，密密麻麻的白色的旗，蜿蜒而来，俨然就是一支"出丧"的队伍。

对于五四事件，人们向来关注的是学生慷慨激昂的演讲、铿锵有力的口号、简短精悍的标语，似乎鲜有人注意到那天学生队伍中"出丧"的色调，当然，这一白色色调不是对"逝者"的哀悼和怀念，而是对时任交通总长曹汝霖、币制局总裁陆宗舆、驻日公使章宗祥这三个"卖国贼"的诅咒和作践。

为"卖国贼出丧"正是那天学生的用意所在，这个创意其实并不是五四青年的独创，他们参考和借鉴了此前不久留日学生对待驻日公使章宗祥的做法。

在不久前的4月中旬，驻日公使章宗祥启程回国，"当时日本政界要人和其他国家驻日外交界人士纷纷到东京火车站欢送，忽然来了中国男女留学生数百人，章夫妇起初误以为他们也是来欢送的。后来他们大叫，把旗子抛掷，才知不妙"。陈独秀也说："驻日章公使回国的时候,三百多中国留学生,赶到车站,大叫卖国贼,把上面写了'卖国贼'、'矿山铁道尽断送外人'、'祸国'的白旗,雪片似的向车子掷去,把一位公使夫人吓得哭了。'其实章宗祥他很有'笑骂由他笑骂'的度量,只苦了他的夫人,留学生何忍这样恶作剧!"后来杨晦也说:"五四前不久,在驻日公使章宗祥带着日本小老婆回来商量如何卖国时,留日学生跟送丧似地送他,白旗丢了一车厢,他的小老婆都被吓哭了。"注意,"留日学生跟送丧似地送他",也就是说,在4月份的日本东京火车站,留日学生已经为章送过一次丧了。

有了4月份中国留日学生在东京为章宗祥"送丧""丢白旗"的先例,就不难理解5月4日那天学生举着"挽联"、手持"白旗"为"卖国贼送丧"的"创意"了。

这是有根据的。5月3日夜,北京各大学学生代表在北大三院礼堂开大会时,有人就提出依照留日学生对待章宗祥的方式对曹汝霖也"来一下":

> 嗣又有山东某君演说,略谓断送国土主权,实曹贼等卖国之结果,章宗祥回国时,留学生高举卖国贼之旗以送之,世人称快,吾人对于曹贼,独不能一泄胸中之愤耶。此外并有极激烈之言,会众掌声与呼声相杂,表示极端之赞成、愤恨之□。遂决定照留学生送章办法,于退出公使馆后至小曹儿胡同曹宅一行,当恐制旗不及,故乃于次日集会时间略有更改。[1]

这一情形,在后来杨晦的回忆中也得到印证:

> 在会上,有人提议:留日学生可以那么对付章宗祥,我们

为什么不可以对他们三个（曹章陆）来一下？就是说，要把旗子送到他们的家里去。大家一致同意，准备行动。决定提前于明天5月4日，举行游行示威，并给卖国贼送白旗。当夜，住西斋的同学一夜没睡，用竹竿做旗子：长竹竿上大旗子，短竹竿上小旗子。第二天，北大学生每个人手里都有旗子了。找到卖国贼怎么样呢？也有人想到那里跟卖国贼干一场的；但是大多数人，都没有斗争经验，想得很单纯，只打算把旗送去，像留日学生对章宗祥那样，搞他们一下就算完事。

陈其樵在当时的日记中亦记有："各校代表预言：到曹贼门首举持卖国贼旗，投掷其宅内以辱之。"[2] 可见，五四学生手中的"白旗"，不光是学生为了书写标语口号、表明态度，更是为三个"卖国贼送丧"而准备的。

5月4日当天，前来曹汝霖住宅的学生本来的目的也是来为他"送白旗"的，并不准备破门而入。5月5日天津的《益世报》这样描述当时投白旗时的情形：

> 学生均大骂卖国贼，声震数里，敲门不开，则以手执之旗杆将檐头瓦戳落并将临街玻璃窗砸破，各以手执之旗乱掷于房上，房上一片白光遂笼罩于卖国贼之府第，与曹氏所受于日人之洋元宝耀彩争辉，亦奇观也。[3]

曹氏的"洋元宝"有没有，有多少，学生们当然看不到，天津的报纸只能这样想象。而那幅著名挽联的作者张润芝"从腰里取出一个斧头和几根钉子，意欲将挽联钉在门上"。

五四之前，东京的留学生赶到火车站为要回国的驻日公使章宗祥出过丧，五四当日，北京全体学生又为三个"卖国贼"出过丧，五四之后，天津学生"跪哭团"也为那些不肯抵制日货、唯利是图的商家披过麻戴过孝。

在天津，当有商家昧于良心不积极响应抵制日货的号召，或对这一号召阳奉阴违时，天津各界联合会中的调查股先进行劝说，劝说无效的话，就启动学生"跪哭团"披麻戴孝到商家去痛哭，且看当时的精彩场景：

> 在确定跪哭对象以后，联合会集齐团员，一律披麻戴孝，个个装扮成灵堂小子模样，手持哭丧棒，戚容满面地列队出发。如此装束自然吸引大批群众尾随观看。那时东北城角有一家成记纸行屡劝无效，一意偷销日货。跪哭团到后，寻找该店店主出来见面，把他围绕在中间，大家便跪倒在地悲痛号啕，其悲戚惨痛的情景比灵棚吊孝还要哀伤。一边哭，一边做忠言逆耳的劝告，历述亡国灭种的残酷遭遇。团员中有一位王卓枕，嗓大声宏，激昂慷慨，哭哑了嗓子还在陈说朝鲜亡国的惨痛。直至成记店经理表明：宁肯买卖不干，也绝不再购销日货了。"跪哭团"始止哭而起，整理返回。

可见，为活人"出丧"，的确是我们中国人的"撒手锏"，谁能受得了这样的"作践"呢？这一充满晦气和不祥的行动不光其来有自，而且后继有人。

"欣然同意"是导火索

问题是，学生们为什么要为曹汝霖、陆宗舆、章宗祥这三人，而不是为其他人"送丧"呢？

最直接的原因还是由于巴黎和会的失败。当初中国代表在巴黎和会提出将德国在山东的一切权利直接交还中国的正当要求时，在我国土上对德国宣战并无理要求继承德国在中国山东的特权的日本却称山东问题"中日两国间业已解决"。于是，就连美国提议的"五国共管"这个不是最好但也不是最坏的方案也落空了。虽说"五国共管"也损害着中国的利益，但总比中日两国直接交涉要好，因为倘中国与日本交涉，就无异于投羔羊入虎口。正如5月4日天安门大会宣言所云："夫日本虎狼也，即能以一纸空文，窃掠我二十一条之美利，则我与之交涉，简言之，是断送耳，是亡青岛耳。"

日本拒绝美国提议"五国共管"的理由是，1918年9月中国在与日本签订济顺（从济南到顺德，顺德即今邢台）、高徐（从高密到徐州）两路借款换文时，也签署过一项关于解决山东问题的换文，当时签订这些解决山东问题的文件的人正是中国驻日公使章宗祥。章宗祥在回复日本外务大臣后藤新平的照会中说，"中国政府对于日本国政府右列之提议欣然同意"。正是这个"欣然同意"的换文使得日本在巴黎和会上有所借口，准确地说是"胡搅蛮缠"，"欣然"二字很重要，这可以证明协议并不是在"强迫"的条件下签订的。

然而，"欣然同意"什么呢？中国是"欣然同意"将山东权益交给日本吗？至少日本是这样误导外界的，美国总统也是这样理解的。实际上，那"欣然同意"只是针对胶济铁路沿线之日本国军队，除济南留一部队外，全部均调集于青岛等换文而言，仅此而已，并不是说中国就"欣然承认"了日本在山东的利益，此两件事可是"八竿子打不着"的，但在当时却被有意无意地混淆为一团。

曹汝霖对此感到很是不可思议，他说："此是普通辞令，所谓同意，明明指日外相来文之三项。此即青岛撤兵换文之经过。哪知后来巴黎和会竟引为攻击之借口,以为承认山东利益,岂非奇谈,真是风马牛不相及也。"既然美国总统这样的人物都没搞清楚,遑论当时的普通民众了,于是,断章取义、张冠李戴就在所难免。而对日本人来说,更是模糊其词,欺骗列强,"日本代表只含糊其辞,并未确实说出原文,致美英以为成约不可不守"。那日本故意"打马虎眼",难道中国就成哑巴了吗?中方代表中,至少外交总长陆徵祥当知底细,当能澄清,但却不知何故没有澄清,这令曹汝霖很是"不解"。总之,在当时人们看来,解决山东问题的换文就是中国承认日本在山东利益的密约。

正是这种含糊其辞和断章取义,使得很想为中国助一臂之力的美国也一时无语,在巴黎和会上,美国总统威尔逊向中方代表质询:"一九一八年九月当时,协约军势甚张,停战在即,日本决不能再强迫中国,何以又欣然同意与之订约?"

威尔逊的质询使得愤怒的国人将目光转移到1918年办理关于济顺、高徐二铁路借款换文和解决山东问题换文的当事人身上,这三个人就是交通总长曹汝霖、币制局总裁陆宗舆和驻日公使章宗祥。

匡互生说:

> 但日本的外交家却能立刻拿出中国专使所未曾知道的密约换文上所有的"欣然承诺"(按,当为"欣然同意")四个字来作非强迫承认的反证,来作箝制中国专使的口的利器。这一个消息宣传以后,北京所有的学生除了那些脑筋素来麻木的人以外,没有不痛骂曹、章、陆等没有良心的,没有不想借一个机会来表示一种反抗的精神的。

王芸生也提到曹、陆、章成为人们眼中的"卖国贼"的缘由：

> 山东问题之败，固大势使然，而一般舆论以四月二十二日巴黎和会中威尔逊有"中国何以欣然同意"之质询，既愤民四条约之签字，尤愤民七济顺高徐两路借款及山东问题换文，愤怒及于办理两次外交之当事人。

于是，学生们为曹、陆、章等人送丧便成为必然的事了。

两个"换文"的原委

1918年9月中日签订的济顺、高徐二铁路借款换文和解决山东问题的换文的原委是什么呢？

当时，中国政府陷入财政困难，需要钱，日人以优厚条件为中国政府提供借款，当然，世上哪有免费的午餐，尤其对日本来说，更不可能。要借款就得有担保，这个借款先以吉黑两省官有林矿相抵，随后日本又要求以德国已丧失的高徐、济顺铁路借款权为担保，而后者就涉及山东问题，为此后巴黎和会中国处于失利之地位埋下了伏笔。

曹汝霖时任交通总长，他回忆说："东海（按，指徐世昌）就任后，主张和平统一，需款更巨，财部无法支应，乃与日本续借二千万日金。时日本外相为后藤新平，曾任南满铁路总裁，东海任东三省总督时，与之颇有交谊。经后藤之斡旋，此项借款得以成立，惟要求以德国已失之高徐、济顺铁路借款权为担保。余恐有问题，不肯照允，东海急于用款，且以借款权德国既已丧失，移作日债担保，同是外国无甚分别，命予照允。以此，日后遂为巴黎和议借口。"

当中日签订济顺、高徐二路借款的换文时，中国提议与日本签订解决山东问题的换文，客观地说，以此换文，"在当时言之，比较于中国有利"。顾维钧对威尔逊总统的质询这样解释道："当时日本在山东之军队既不撤退，又设民政署，置警察课税，则地方不胜其扰，非常愤懑。政府深恐激生事端，故又致有此约。该约亦只有临时之性质。"曹汝霖也说到当时的情形，"后日本攻下青岛，驻兵于青岛后防不撤，且向民间要粮草，要食物，任意要挟，强迫供应，地方不堪其扰。地方官呼吁之电，雪片飞来"。

本来日本应英国的要求在中国国土上向德国宣战，并不是为了什么"正义"和"和平"，它一方面为报 1895 年马关条约签订后德、俄、法"三国干涉还辽"之旧仇；另一方面欲取代德国坐享其在华利益，当然这一非分愿望是得到英法等国的秘密承诺的。因此，在德国被击溃后，日本便趁机盘踞山东，造成事实上的统治。更让中国深感不安的是，日本在山东不断地扩大和深化这种统治，它居然设民政署于青岛，又设分署于坊子、张店、济南三处，更离谱的是坊子民政署竟"擅理华人词讼，征收华人赋税之举，而胶济铁路与各矿则置诸民政署铁路股管理之下"。鸠占鹊巢，为所欲为，简直视我山东为日本国土，视我地方政府为无物，面对此等无赖做法、流氓行径，中国是干着急没办法。

更有甚者，"其时某民军领袖，结合土匪流氓，与日本浪人及退伍军人想攻取济南，声称打倒军阀，以助饷为名，向商民勒索，趁火打劫，百姓不堪其扰，日本浪人们又商请日军留驻以壮声势，日军因之不撤"。曹汝霖说："我探知实情，只要日军撤退，民军即失掉靠山，地方即不至滋扰。"无论从中日关系中中国国家利益来看，还是从南北关系中的北方利益来看，要日本撤兵至青岛一地都成为当务之急。

而现在这个换文规定,胶济铁路沿线之日本军队,除济南留一部分外,全部调集于青岛,撤废现行民政署,中日合办经营原属德国特权、现在事实上被日本占据着的胶济铁路。可见,中日关于山东问题的换文,客观上对日本在我国土上为所欲为、变本加厉的行为起到了一定的约束作用,同时也起到瓦解民军"捣乱"的作用。对北方政府来说,其心情自然是"欣然"的。只是最后,这个"欣然同意"的山东换文,被误解为在巴黎和会上提出的山东问题在中国"欣然同意"的状态下"业已解决"。

也就是说,山东问题的换文并不意味着中国因此就承认日本可以继承德国在山东的特权和利益,曹汝霖在5月5日的辞呈中"委屈"地说:"此项合同里,亦并无承认日本继承德国权利之文;果系承认日本继承德国权利,则此项铁路本属德国权利之内,何须另行垫款始能允此路权,显系路权之外,其他不得继承,尤可反证而明。况路线声明可以变更,确属临时假定,断非许其继承德国权利,与二十一条尤无关系。"

可是,没有这个被故意曲解的"换文",巴黎和会上,中国就能从日本的魔爪下讨回自己的领土和权益吗?显然,也是不能的。为虎作伥的英法等国与日本早已达成过出卖中国利益的密约,"青岛外交,日本因有英法维持其继承德国权利之先约,始有强硬主张"。在这种情况下,即使美国总统威尔逊对中国抱有同情心,但也只能是独木难支、有心无力。况且他倘不迁就日本,日本将要挟不加入威尔逊总统苦心经营的国际联盟。

因此可以说,日本在巴黎和会上的胜利,中国在巴黎和会上的失败,并不只是中日之间关于解决山东问题的所谓的"换文"所致,更与英法等国有出卖中国利益于日本的事先承诺有绝大关系。

还有"二十一条"旧账

以上只是新账,还有旧账。

对曹汝霖和陆宗舆来说,他们被称为"卖国贼"还与四年前的1915年中国屈辱地接受日人提出的"二十一条"有关,其时,曹汝霖任外交次长,陆宗舆任驻日公使。

曹汝霖在5月5日的辞呈中说,当年签订"二十一条"时,他与外交总长陆徵祥、参事顾维钧、驻日公使陆宗舆等人"内外协力应付",那可是在"千回百折,际一发千钧之时,始克取消第五项"的,其中所有"经过事实,我大总统(按:指徐世昌)在国务卿任内,知之甚详。不敢言功,何缘见罪?"在后来的回忆录中,他的牢骚更大,他想不通的地方有三:第一,世人说他亲日,而当年谈判时他的一切作为莫不严格按照袁大总统的指示进行的;后来陆徵祥也说,"此项谈判完全项城亲自主持,逐条殊批","每日由曹汇报项城,并听他的指示"[4]。第二,世人都说协议签字者为他曹汝霖,而实际上签字者只可能是时任外交总长的陆徵祥。第三,世人误以为中国全盘接受了"二十一条",其实经过艰难的讨价还价后,最后所议定并接受的"不满十条",对那最狠毒的第五项,中国也是坚拒不议。

他说:

> 此次会议,我与陆子兴总长,殚精竭力,谋定后动。总统又随时指示,余每晨入府报告,七时到府,总统已在公事厅

等着同进早膳,报告昨日会议情形,讨论下次应付方针,有时议毕又入府请示。陆闰生公使(宗舆)又时以日本内情电告。陆外长确能恪遵总统批示,决不越出指示范围。正式会议之外,又有侧面商谈,辛以说动日本元老挽此危机。日本所提之二十一条,议结者不满十条,而第五项辱国条件,终于拒绝撤回。会议结束,虽不能自满,然我与陆总长已尽最大的努力矣。……世人不察,混称二十一条辱国条件,一若会议时已全部承认者,不知二十一条中之第五项各条,不但辱国,且有亡国可能,已坚拒撤回不议。而所议定者,不满十条。世人对此交涉不究内容,以讹传讹,尽失真相。尤异者,我虽列席会议,而此约之签字者是外交总长陆徵祥,我是次长何能签约?世人都误以为此约由我签字,张冠李戴,反未提及陆氏,亦是不可思议之事。

1964年11月,89岁高龄的曹汝霖在为自己的回忆录写的序文中,就说到因"二十一条"致使他在五四时被指斥为卖国贼。他说:

余与陆子兴(徵祥)外长,权衡利害,折冲樽俎,虽未全部承认,终屈于日本之最后通牒。国人既怀恨日本,遂益迁怒于亲日之人。甚至张冠礼戴,谓"二十一条"由我签字;其后巴黎和会失败,亦归咎于我;于是群起而攻,掀起五四风潮,指我为卖国贼,大有不共戴天之概。然而事实经过,何尝如此!清夜扪心,俯仰无愧。徒以三人成虎,世不加察,以致恶性宣传,俨然铁案,甚矣,积非成是之可惧也![5]

的确,关于1915年中日签订"二十一条"这一历史事件,我们从过去,以至现在,也许将来仍会说,中国政府于1915年5月9日日本通牒的最后时刻,屈辱地接受了"二十一条"。

固然，笼统地这样说，也不全错，但正因为过于笼统，常常会影响我们对历史上一些人与事的理解。比如，我们常说的所谓的"二十一条"只是日本最初开列出的"条件"。虽然日本一开始开列的条件多达二十一条，但经过中国外交人员据理以争，以及不得已的妥协，最后议结的其实"不满十条"。

"二十一条"是日本"小蛇吞象"的一个生动注释。1895年《马关条约》谈判的时候，伊藤博文毫不掩饰地对李鸿章直呼"饥甚"，想吃肉，可是台湾这块肥肉还没消化完，到了1915年，它又贪婪地张开"二十一条"的"血盆大嘴"准备吞下中国。畜生要吃肉，你没有抵抗的能力，就只有任其撕咬。对当时的中国来说，所应对的方法只有通过"谈判"叫它将大张的口开得小一些。陆徵祥、曹汝霖等人做的就是这样的事。

陆徵祥、曹汝霖等人与日本人讨价还价，逐条辩论，事实上这张口的确开得小多了，而且，在一些要害条款上，中国尚能守住最后的底线，这是不幸中的万幸。对于"二十一条"交涉，世人常以"中国屈辱接受，日本如愿以偿"来论。但客观地说，"二十一条"交涉中，谁得分，谁失分，还真不一定呢。用"中国勉强撑住，日本丢脸现眼"一句来做定论或更接近历史事实。

唐德刚曾这样评价中国的"二十一条"交涉：

> 其实袁世凯并未接受"二十一条要求"，原要求中的"五号七条"，也全部被袁政府拒绝了。吾人如把日本提出的"二十一条要求"原件和签订后的新约相比，可见二者有霄壤之别。当然我们不容否认，这部新约也是一部丧权辱国的条约。例如延长旅顺、大连租期至99年，直至21世纪，又默许日人无限制

向东北移民等，都是丧权辱国的。但是中国却始终没有变成日本的印度，所以日本虽费尽心机，提出灭亡中国的"二十一条要求"，弄得臭名昭著，后来也只落得个雷声大、雨点小的收场，为天下笑。

当时，"西报亦有夸奖袁总统以弱国外交得此结果，总处胜利等语"。而对于日本人呢，"二十一条并不包含什么新东西；除满洲租借地的扩张外，它们并不意味日本在中国更有地位"。而且那个貌似气势汹汹的最后通牒，不但没有给日本人带来更多的实际利益，还徒徒刺激了中国人的自尊心，播下了仇日的种子。有人就称，"从任何意义上说，它对日本是一次得不偿失的胜利"[6]。

如果笼统地说 1915 年中国被迫接受了"二十一条"，那岂不是完全无视和抹杀了中国外交人员与日本艰难交涉的事实和成绩？

此外，日本所谓的"最后通牒"，一方面是日本在虚张声势、威胁恫吓，另一方面何尝不是日本自己为自己找台阶下。

我们知道，"二十一条"中第五项条款旨在制我、奴我，只因这一条款过于"狠毒"，就连他们自己也觉得"见不得人"，于是，日本不仅对西方列强，尤其是它的盟邦英国有所隐瞒（所以谈判之始，日本就要求谈判内容不得外泄），而且对国内眼光相对较远、在日本政坛有一定影响力的元老派松方正义等人有所隐瞒（当时松方正义从有贺长雄处得知条款中有第五项时，"面露诧异之色"，"似未知道"，随即召见加藤外相，"诘问他觉书中有第五项，何以没有报告？"），更是料定如此条款中方无法接受（所以列之为"希望条件"）。然而，当其他条款议定之后，得寸进尺的日本提出商谈作为

"希望条件"的第五项,中国当然予以断然拒绝,日本不肯罢休,致使谈判陷入僵局,濒临破裂。

日本爬得太高,下不了台。怎么办?这时,袁世凯委托日本政坛元老有贺长雄等奔走游说日本诸元老,晓以利害,日本元老反对第五项者亦不乏其人,加之顾维钧又通过《泰晤士报》驻中国记者莫理循等人将日本的狼子野心捅到西报上去,西方列强为之震惊,日本政府面临内外压力,又与中国谈判陷入僵局,于是对中国下了最后通牒。值得注意的是,日本在通牒中将第五项自行撤回("暂时脱离,容后再议")。因此,这个通牒一方面固然是日本在威胁恫吓中国,另一方面何尝不是出乖露丑、恼羞成怒的日本在自找台阶下呢?

当时在日本留学的龚德柏就说到日本"内外交困"之"尴尬"情形:

> 袁世凯政府因有英、美作后援,故迟迟不肯承认日本的要求,尤其降中国为日本附庸的第五项,绝无承认之意。即令破裂,亦所不惜。到五月初,交涉仍毫无进展。日本政府非常着急,乃开御前会议。在该会议中,元老反对政府的高压政策,促政府反省;并要求加藤外相亲自赴中国交涉,加藤拒不肯往。乃决定保留第五项各条,其他各项,以最后通牒要求中国于四十八小时内承认,否则开战,并动员两个师团,以示开战决心。当时日本国民党总裁犬养毅,公开发表谈话,反对威吓政略。在这种情形下,中国终于五月九日承认日本全部要求。(第五项除外)我们在日本的人,见这种情形,都是愤慨到极点。[7]

当时的驻日公使陆宗舆也在日本积极活动,促使日本元老对日本外交进行施压。据陆说，当时，中国将秘密交涉内容透露给外报时，这一"以西洋制东洋"的旧招使得日本外部情绪倍加"激昂"，"因亦对我再接再厉"。但日本之所以能在最后关口将苛刻而恶毒的第五项条件搁置下来，与他在其中打的一张"悲情牌"有关：

> 宗舆则知能顾全东亚大局之人，日本大有人在，固已早为之所。至五月初四初五极不得已时，势不能不对其有心有力之要人，力陈利害，为秦庭之哭。惟事关机密，现尚未便尽宣，顾彼实因是感动，提议撤消五号者也。

至于陆宗舆到底如何以"秦庭之哭"来"感动"有心有力之要人，他说这事情的经过是"机密"，我们不得而知，但从透露出来的信息可以想象，陆宗舆以"非常方式"游说日人取消"第五项"的时候，对同为中国人的我们来说，想来也是件无比心酸和伤痛的事呢。不管怎么说，客观上，日本元老派有贺长雄等人的奔走是日本政府有所松口的一个不可忽视的因素。

当然，我们说"二十一条交涉"日本"虽胜犹败"，陆徵祥、曹汝霖诸公"劳苦功高"，但是日本拿枪指着我中国的"头"，下最后通牒，却是永远都要牢记的奇耻大辱。

说他卖国，拿证据来

今天很多人对五四当年送给曹、陆、章三人的"卖国贼"身份仍然深信不疑，有人说，"总其一生而论，曹汝霖、章宗祥确是死不悔改的卖国贼，故尔八十多年来无人敢为他们翻案（实则无案可翻）"。但明白了这段历史的实情，我们就需要对曹、陆、章的"卖国贼"身份重新加以审视。

五四时期，曹、陆、章之所以被斥为"卖国贼"，主要原因并不在于他们如何卖国，而在于他们是历次中日交涉的主事者，当然这些谈判的结果多为丧权辱国。

问题是，在"人有强权之可逞，我无公理之可言"的时代大势下与日本谈判，无论是谁，都免不了"丧权辱国"的结局。我们如若不信，可以看看近代以来中国历次与列强，尤其是与日本的交涉和谈判的详细记录，如果是换了我们的话，我们能比他们强多少？也就是说，在那个不讲道理、只论实力的世界里，你如果没有势均力敌的实力作外交之后盾的话，能有资格坐在那里和对手讨价还价已经很不错了。当时，中国正是日本厨房里案板上的鱼肉，鱼肉对菜刀来说有什么发言权？因此，无论《马关条约》割地赔偿，还是屈辱接受"二十一条"，还是巴黎和会青岛不保，都是大势所趋，难以避免。

再从曹、陆、章个人方面来看，他们固然知日、亲日，但他们毕竟是中国人、做中国官，身处对日外交第一线，说他们内心中真愿意出卖国家利益？设身处地，恐怕未必。唐德刚说："在其后历经四月的艰苦谈判中，自袁以下，外长陆徵祥、次长曹汝霖，及驻日公使陆宗舆，在长期交涉中，受尽折磨与屈辱则有之，细查中、日档案，纵是一向有妥协倾向的曹汝霖，日方会谈记录也说他'激愤之情溢于言表'、'情绪颇为激越'云云。"当年与曹汝霖在"二十一条"谈判时共事的顾维钧在后来的回忆中也说："但就我们所共之事而言，我始终感到曹先生是一位能干的外交家，是拥护国家利益的。至于此外，他是否还作过其他对国家不利的事情，我则一无所知。"看看，人家曹次长不但没有出卖国家利益，相反，是理所当然地尽力维护国家利益的。

同时，我们须注意，即便在曹、陆、章被国人指斥为"卖国贼"

的五四之时，也有一些人觉得将"卖国贼"的帽子戴到他们头上或有不妥。

5月11日，陈独秀（"只眼"）就在《每周评论》发文为曹、陆、章"鸣不平"。他说："日本人因为自国的权利欺压我们，这是他们被狭隘的爱国心所驱使的，我们不必怨他。曹、陆、章等亲日派固然有相当的罪恶，但是他们不过是造成罪恶的一种机械，种种罪恶的根本罪恶还不在曹、陆、章诸人，我们也不必专门怨他。"的确，曹、陆、章只是一种工具。这就有如你被刀具所伤，你不能怨恨刀具一样。在那种情形下，无论谁接手中日交涉这个"烫手山芋"，谁就是曹、陆、章。"况且曹、陆、章等未必具有卖国的行为，他们如果卖国，政府怎肯让他们都站在重要的地位？""曾记得袁世凯要做皇帝的时候，革命党用炸弹打了薛大可所办的亚细亚报馆，薛大可大叫冤屈。现在曹、陆、章等也受了同样的冤屈。"陈独秀再三强调说：

> 曹陆不过是一种机械，章宗祥更不比曹陆，他的罪恶，只是他的现职连累了他，此外也［未］必有什么特别积极卖国的大罪恶。国民呵！爱国学生诸君呵！外交协会诸君！你们若是当真把这根本大罪恶都加在曹、陆、章诸人身上，实在冤屈了他们呵！[8]

的确，曹、陆、章"三贼"所交涉的条款虽然有损于中国利益，但这只是他们"不得不"的选择，他们只是我们这个老大衰弱的国家的"办事员"而已，连累他们的是他们的工作和职责。陆宗舆后来就说："日本人野心太大，这是我们的祸害，国家不强，打不过人家，和人讲理人家不听，有些地方只能吃亏一点，现在硬不起来，不让步不行。人家骂我们是卖国贼亲日派，那么请他们来担当外交，恐怕也不见得高明多少吧！"[9]这都是大实话。

因此，当全国上下一致指称曹、陆、章为"卖国贼"，曹、陆、章相继递送辞呈后，政府竟"优庇曲护"，"始则褒辞挽留，继则宠令慰勉"，国务总理钱能训对教职员联合代表会的口头答复说，"曹章诸人卖国，苟有凭据，不妨起诉，若任口而谈，政府将如何办理"？后来政府发表文告，告诉大家交涉原委，为曹、陆、章三人"洗刷前愆"。其辞曰：

> 迨民国四年，发生中日交涉，我政府悉力坚持，至最后通牒，始与订立新约，于是有交还胶澳之换文。至济顺、高徐借款合同，与青岛交涉，截然两事；该合同规定路线，得以协议变更；又有撤退日军，撤废民政署之互换条件；其非认许继续德国权利，显然可见。曹汝霖迭任外交财政，陆宗舆、章宗祥等先后任驻日公使，各能尽维持补救之力，案牍具在，无难复按。在国人不明真相，致滋误会，无足深责。惟值人心浮动，不逞之徒，易于煽惑，自应剀切宣示，俾释群疑。

你说人家卖国，拿证据来！

随后，山东各团体公举代表八十五人，进京要求谒见大总统，呈递请愿书，要求严惩"卖国奸人"，国务院所作的批语中也是这样说的：

> 至中日二十一条密约，及高徐、顺济路约，经过情形，案牍具在，前经择要宣布。共和国家，一切措施，悉当准诸法律，必有确实证据，乃受法律制裁。

政府仍是从事实层面、法律层面回应老百姓的"惩奸"要求。当然，在群情愤激的情形下，群众并不打算接受这个事实，要平息群众的怨气、怒气，就不能只考虑事实和法律，得让曹、陆、章做"替罪羊"。

而对曹、陆、章来说，五四那天，当学生们为他们戴上"卖国贼"的帽子，并向他们兴师问罪时，他们自然就想不通了，就要发牢骚了。

曹汝霖在学生把他的宅子烧掉之后，就说当年他之所为"不敢言功，何缘见罪"，而有过"秦庭之哭"的陆宗舆亦满腹牢骚，他"终夜彷徨，百思不得其故"。章宗祥在辞呈中也说，"所有办理中日交涉事宜，无一不恪遵政府训令，往来文电，有案可稽"。

其实，要说卖国，也不是这"三贼"私下就能卖得了的，也不是袁大总统能卖得了的。我们只能怪日本太贪婪、太阴毒，或者说中国太落后、太孱弱，不幸的是，他们是当时的主事者罢了。

"我之亲日，并非媚日"

曹汝霖终生不解的是，1915年所谓"二十一条"的签字者是当时的外交总长陆徵祥，后人却张冠李戴，将"屎盆"扣在他这个外交次长的头上。

的确，人们并没有骂陆氏为卖国贼。

"'二十一条'签约，你是签字人，但国人反对卖国贼'曹、章、陆'，这一'陆'却不是指你，为何？"1936年，比利时修道院的陆徵祥神父对来访的郑揆一提出的这一问题无言以答。郑补充说："是不是这样，'二十一条'你是参与者，但你一生没有为私利而出卖祖国行为，而其他三人则用以后的西原借款助军阀作乱，且为私人利益,故国人不能之谅。"陆大体认同说"可能是如此"[10]。

说曹、陆、章不是"卖国贼",并不是说他们美似"花一朵",至少在时人眼里,即使他们没有卖国,但至少有两项罪状:一是作奸,即向日人借款助军阀作乱;二是牟利,即通过借款中饱私囊。通俗历史小说家蔡东藩便说,"至若章、曹之一意亲日,为虎作伥,虽未必如传闻之甚,而作奸牟利,见好强邻,要不得谓其真无此事也"[11]。

向日本借款以助军阀的确是事实。蔡东藩说,他们虽然未必真卖过国,但所作所为等同于卖国。"夫曹、陆、章三人之亲日,非真欲卖国也,但欲见好于武夫,为之借资运械,竭尽机谋,顾目前而忘大局,误国适同卖国耳。"

至于在借款中拿回扣,则是曹汝霖在五四之中备受攻击之处。但是否拿了回扣,有不同的说法。曹汝霖在5月5日的辞呈中说:"汝霖历来经手承借日本款项,均无丝毫回扣,无非欲矫世俗流弊,冀稍有补于国库。不特先例所无,窃恐后来借款未必有此优点。"他说得很诚恳,也很斩钉截铁。针对他的声明,杨亮功在五四之时就编就的《五四》一书中说:"据曹汝霖等之声明,谓若辈所借之日款,实属涓滴归公,并无回扣。惟据熟悉其中底蕴者言,谓其虽无回扣,乃其汇费贴水之舞弊,中饱之丰更有甚于回扣者,于是卖国之真相渐披露矣!"[12]

5月16日,中美通讯社(Sino-American News Agency)对曹氏的财产细目"起了底",最后总结说:"总计曹氏个人产业,实超过当年和坤之数,核计之,至少有2 000万元。以历任总次长之薪水,纵加以重大官利红利,为数至多不过50万元。"

然而，值得注意的是，中美通讯社的消息似乎也不能轻信，要知道，中美通讯社系南方政府在美设立的"致力于丑化北方政府"的舆论机构，"'五四'前后不少捕风捉影的消息由中美通讯社故意传播"，该社于5月16日开列的曹氏财产清单这样的消息正是"'五四'时期的重要杂音"，这类五四中的"杂音"，在群情汹汹之际，有如火上浇油。

担任过财政部长的曹汝霖是否在前后总共14 500万日元的西原借款中中饱私囊，有所回扣呢？曹的"老首长"段祺瑞后来在给曹的赠诗中反驳了社会上流传的这类"谰言"，诗云："款皆十足交，丝毫未肥己。""数虽一亿零，案可考终始。"在段祺瑞看来，世人可谓是积非为是，而曹则是忠恕清白。曹汝霖也自称，关于这些借款，"财部库藏司出纳主任周叔廉君辑有西原借款收支小册子，分门别类，按月日登记，一目了然，阅之自可明了西原借款之用途矣。"看来，这个账目当是"案可考终始"，贪污与否也便一清二楚了。

由此看来，作奸有之，牟利未必。可是，在当时看来，作奸、牟利当是叫人厌恶他的两个原因。除此二者外，还有一个重要原因是不可忽略的，那就是曹的"亲日"。

曹汝霖的确是"亲日"的，这一点他自己也不讳言。不过按他所说，这"亲日"和"媚日"还是有区别的。

曹汝霖对日本的好感（亲日思想）源于其早年留学日本时期。当时发生了日俄战争，在他看来，正是日本做出巨大人力物力的牺牲，将庚子拳变后盘踞在中国东北的俄国人打败，并将东北无条件地归还中国。自然，日本和俄国翻脸，大打出手，并不是日本慷慨仗义、路见不平，拯救中国于俄国鹰爪之下，但客观的效果，却是如此。因此，其时国人"拒俄亲日"的思想也是比较普遍的，在日本留学的曹汝霖同学也不例外。可以说，日俄战争是他"亲日"思想的源头。

当然，日本的"慷慨仗义"，只是列强为争吃中国这块肥肉而发生的一起"狗咬狗"事件而已，日本侵华亡华奴华的野心是一以贯之的，这时曹汝霖的"亲日"就有了变化，即"盖可亲者为有正义感人情味之日本人，若暴戾侵略之军阀，则惟深恶而痛绝之耳"。也就是说，对于日本人，他是敌友分明、区别对待的，或许正因为他这种"不全盘反日本"的态度，给"全盘反日本"的世人留下了一种"亲日"的印象。此外，他还抱有这样的信念，那就是曾任日本首相的吉田茂在为曹汝霖的回忆录日译本所作的序言中所说的，曹虽被公认为亲日派，"但他的亲日，绝非是盲目的，而是基于一种坚强的信念，认为中日两国，如果不能合作，便不能希望有真正的东亚和平。"这理念是对的，问题是，在日本有没有和你抱有同样想法的人？如果日本人"普遍"抱有此种想法，就不会发生日本屡次侵略中国之恶行了。

针对舆论普遍认为他亲日的情形，当年冒鹤亭（广生）给他支出一招，叫他"应一反作风，做几篇大骂日本的文章，登载报上，以转移人的观念"。曹汝霖说："若如君说，是投机政客之所为，非我之愿也。人谓我亲日，我不否认，惟我之亲日，由于情感，非为势力，可亲则亲，不可亲即不亲，故我之亲日，并非媚日。况在失意之时，忽变态度，无故骂人，徒贻人笑，反损我人格。前清待我不薄，我即不做民国的官，亦觉心安理得。"可见，他的"亲日"与我们所想当然的"亲日"是有所差别的。

后来，段祺瑞书赠五言长诗一首予曹汝霖，这首诗几乎就是为曹汝霖等一干所谓"卖国贼"鸣冤叫屈的，其中有云：

> 卖国曹陆章，何尝究所以？
> 章我素远隔，何故谤未弭。
> 三君曾同学，宫商联角徵。
> 休怪殃池鱼，亦因城门毁。
> 欧战我积弱，比邻恰染指。
> 陆持节扶桑，樽俎费唇齿。
> 撤回第五条，智力亦足使。
> 曹迭掌度支，谰言腾蓍苡。
> 货债乃通例，胡不谅人只。
> 款皆十足交，丝毫未肥己。
> 列邦所希有，诬蔑乃复尔。
> 忠恕固难喻，甘以非为是。
> 数虽一亿零，案可考终始。
> 参战所收回，奚啻十倍蓰。

曹素为段的得力干将，段给"老部下"说几句"公道话"也是应该的。注意，在段看来，陆当年做驻日本大使时奔走折冲，对促使日本撤回第五条是立了功的。曹当年做财长时，历次借款，并无回扣，且有案可查，而世人称他们为卖国贼，正是"城门失火，殃及池鱼"的道理。

五四学生既不会鞭故总统袁世凯的尸，也不会造现总统徐世昌的反，"交涉者即卖国贼"，这是当时的逻辑，于是曹、陆、章就成"卖国贼"了。于是五四那天便为他们准备好了"送丧"的白旗和挽联了。

晚年的曹汝霖在回忆录中对事实有所澄清，并为自己辩护，然而，但凡历史教科书一提起五四运动，必然会将他们定位为"卖国贼"，使得他们"永世"不得翻身。

他说："不意国府编辑教科书又将此事列入教科书，加以渲染，遂使全国学子，知有五四运动之事，即知有不佞之名，不佞之谤满天下，实拜国定教科书之赐也。"然而，他对待荣辱看得还算淡泊，人也还算宽厚，"此事距今四十余年，回想起来，于己于人，亦有好处。虽然于不明不白之中，牺牲了我们三人，却唤起了多数人的爱国心，总算得到代价。又闻与此事有关之青年，因此机缘，出国留学，为国家成就人才"。这样的胸襟不可谓小。

老前辈

1983年，当年的"五四"干将之一、年届九十四高龄的许德珩先生在为《中国青年》创刊六十周年写的文章中这样说道：

> 五月四日当天下午，反动政府出动了大批军警逮捕学生。为了救中国，爱国青年不怕反动派的刺刀和棍棒，置个人安危于不顾，坚持斗争。

爱国青年、军警、刺刀、棍棒……这是我们对"五四"中军警的表现的印象，或者说，我们对于五四之时军警的印象正是来源于类似这样的叙述。

如果一个事件缺乏细节，单单用一些抽象的、笼统的词汇去描述的话，难免会不自觉地陷入一种"刻板印象"的陷阱，五四运动中的军警也逃脱不了这一"刻板印象"。

客观地说,在5月4日这一天,军警对学生的行动是理解的甚至是纵容的,态度是温和的甚至是同情的,而不是如人们想象得那样凶神恶煞、蛮横无理。

相反,这些带有"刺刀和棍棒"的军警,从保护曹宅不力的表现来看,可以说是"失职"的。因为他们完全可以用"刺刀和棍棒"来制止学生的纵火殴人,从这一面来看,他们又是可敬的。

我们且从天安门集会开始,看看整个五四事件中军警的表现。

"难道我们做官的就不爱国"?

当学生集会天安门的时候,那个据说"杀人不眨眼的"步军统领李长泰乘车赶到现场,劝阻学生不要前往使馆区游行。1959年出版的《五四运动》一书这样叙述当时的场景:

> 当学生们正在天安门集会时,北洋军阀政府的步军统领和警察总监带着一批军警闻讯赶来,企图以"大总统"的命令解散学生队伍。学生们愤怒极了,高呼"打倒卖国贼",他们见势不妙,只好低头溜走。

"见势不妙,只好低头溜走",显然是一种"政治正确"的叙述,正是这套话语体系支配着我们对五四事件的认识。

今天我们能够看到对李长泰在天安门前的行为更为丰富、更为生动的描述。当时路过天安门广场的《晨报》记者将自己在现场的亲见亲闻发表在第二天的报纸上。这个报道现场描述之真切、客观,

都远非此后那些把"五四行动神圣化"后的回忆文章可比,他详细地为我们描述了当时学生与步兵统领交涉的场景:

> 适天安门红墙旁又发现一个绅士,身穿旧式天鹅绒织花马褂,褐色呢,附带警吏多名,乘汽车而来。记者询悉为步军统领李长泰君,据系奉总统之命而来。李统领下车后,即入群众丛中,操北音曰:"汝们现在可以解散,今天公使馆是不见客的,汝们就到那里也没有益处,有话可以由我转达。"
>
> 时大多数学生还立桥外,不认来人为谁,且误会李统领之言,有人大呼"卖国贼"……"卖国贼"……因此秩序稍乱,幸代表尚能极力制止,一面向李统领婉言曰他们是误会老前辈的意思,对老前辈是丝毫没有意见的,大家都是为国,我们今天也不外游街示众,使中外知道中国人心未死,做政府外交的后盾而已。
>
> 李统领闻言亦即息怒,低声言曰:"汝们有爱国心,难道我们做官的就不爱国,就要把地方让给别人么,不过总统之下还有我们各种机关,汝们如有意见,尽管由我转达,若是汝们代表要见总统,我也可以替汝们带领,反正总有办法,不能这种野蛮的。"
>
> 时旁有老叟厉声曰:"我们赤手空拳,那里有野蛮的事。"又有多数学生呼曰:"我们举动是极文明的。"李统领迟疑半晌,旋又对群众曰:"汝们就在这里解散么,不必再到公使馆了。"时学生代表又向李统领婉言曰:"我们今天到公使馆不过是表现我们爱国的意思,一切的行动定要谨慎,老前辈可以放心的。"
>
> 各学生大呼"走""走",李统领亦无言,旋取下眼镜细读传单半晌,后对群众曰:"那么任凭汝们走么,可是千万必要谨慎,别弄起国际交涉来了。"言毕,嘱咐警吏数语,即乘汽车而

去,学生全体亦向南出发,记者亦驱车他往,时二钟四十五分。以上经过情形为记者所目击,当时学生言动确尚能严守范围,即李统领对付学生亦尚得法,以故秩序贴然。[13](按,标点及分段系笔者加)

按一般的叙述,军警与学生是对立的。的确,在目的上看,他们是对立的,一方竭力保障秩序,一方可能会破坏秩序。然而那天,他们同是中国人,一同忍受着国将不国的痛苦,一同为日本的贪婪、列强的自私、外交的困窘、主权的丧失而焦灼。因此,在对国族命运的担忧上,他们又不是对立的。李长泰系当年段祺瑞马厂誓师征讨张勋时的副总指挥,用段祺瑞的话来说,"此人忠厚",五四这天他对学生所说的"汝们有爱国心,难道我们做官的就不爱国,就要把地方让给别人么",即便今天读来,依然令人动容。

注意,学生对步兵统领的称呼不是"长官",不是"老爷",而是"老前辈",一句"老前辈"叫得那么亲切、那么贴心,"小后生"与"老前辈"之间犯得着用刺刀棍棒、石块子弹混战一场吗?可见,学生与军警并不是以后我们所放大的那样彼此势不两立,而是通情达理、互相理解的。

为了确保"不出事"(从后来的发展来看,这种担心并不多余),军警防护在游行队伍的两旁,以保治安。然而,同为中国人的学生和军警相处十分融洽,我们还是看看王统照的回忆细节:

> 在大队左右,纵长约计隔开十来个人的距离,就有穿了黑灰军服的军警持枪随行。他们在路上并没横冲游行的大队,对大家的高喊口号明知不能禁止也倒没怎么干涉。他们在以前没曾见过有这许多学生的列队游行,更没听见过这些口号,这种

情形在他们的印象和感觉上当然是新鲜而强烈的。虽是受了军阀们的命令与学生们取敌对态度并且可以随时拘捕,但这样热情充满,汗泪融合的共同表现使他们也有多少感染。有的并不怎么紧张,只是拖了枪支,像漫无目的的随众前行;有的却十分注意听着学生们喊叫的口号,若有所思,不顾擦抹脸上的汗滴。同时,也有些学生边走边谈,向他们宣讲爱国的道理和为甚么举行这一次的游行。

可见,无论是"步兵统领",还是普通军警,在整个游行过程中,他们和学生是相当融洽与和睦的。

"火起,请学生速整队归去!"

当三千名学生组成的大队人马拥堵到曹宅那并不宽绰的胡同里的时候,警察劝说同学的态度也是"非常和气"的:

> 游行学生逼近其大门时,有警察数人,站立两旁,态度非常和气。他们说曹宅大门紧闭,大约主人不在,劝大家不必强求破门而入。[14]

5月5日,曹汝霖在给总统的辞呈中也提到了军警的"无所作为":"适与驻日公使章宗祥晤谈,忽闻喊声甚厉,由远而近,势如潮涌,渐逼巷口,巡警相顾束手。"曹的管家张显亭也称,"警厅下令命他们敷衍,稍微拦拦他们"。在杨亮功的回忆中就提到"巡警相顾束手"的场景:"其门外军警见来者既如是奋勇,又系学生,又不知有几千万,又未见长官明令如何办理,于是皆束手不理。"陈其樵在日记中说:"时巡警已满布,但不干涉。"其实长官并不是没有"明令",当时,奉命前来曹家执行保护任务的警察队长便对曹汝霖说,"上头命令'文明对待'",所以,他们"连警棍都没有带"。可见,长官不光有令,而且明命对学生要文明相待的,在这种情形下,军警便只有"束手不理"了。

在一定程度上,军警"文明对待"的态度是此后局势失控的一个重要原因。当时是游行学生的王抚洲说,"保护曹宅的队长对于'文明对待'命令之执行,可谓十分忠实,几乎是从旁坐视,这也是群众情绪能以继长增高,演进到发生暴动的重要因素"。

可是,即使在此后学生越窗入室、毁物殴人、放火烧房的过程中,警察与学生也没有起什么冲突:

> 有五个学生不避危险,由后门旁的窗子扒进去,把门打开,大队学生即一拥而入,全身武装的军警,到处布置岗位,见学生人多势众,也不敢干涉制止,持枪直立,呆若木偶。

曹家管事燕筱亭称学生刚刚进入时,"有四个巡警,见学生去了也就闪开了,并未拦他们"。其实,大门打开,学生一拥而进的时候,有"几个巡官劝阻学生们",这时,一个"满手是血"、穿"白色学生装的高师学生"(按,即匡互生)"高声责问那些巡官们:'你们是不是中国人?'那几个巡官便不再阻止群众进入曹宅了"。这就是军警在学生破门而入曹府时的表现。

门被打开时,有人将正对门的木屏踢倒在地,发出巨响,学生以为军警放枪,急忙后退。匡互生说,"对着后门立着的一块木屏,被一个人猛力地踢倒在地,发出轰然的一声。在宅外和立在后面狂呼的学生听着,以为里面放枪了,就倒退了几十步"。躲在屋里的曹汝霖也听到这声巨响。"我在里面,听了砰然一大声,知道大门已撞倒了。"当然倒掉的不是大门,而是木屏。在队伍后面的同学,自然不知前面发生了什么事,只是这几十步后退,几酿成踩踏事件。王统照描述了这一危险场景:

> 再几件杂乱声音,不知怎的,前面的人强推硬擦,把在后的人层更向后压。动力所及,人人脚步不易立稳,急流退潮,一股劲地压下去。在队伍的末后尚易让开,或先行奔走,在最前面的已走入那所高门楼的公馆。所苦的中间一段,前去无力,后退亦难,反被前方急退下的人猛力挤倒。这才是真实的退潮巨力。在我左右前后的人立时有若干爬在尘土之中,力气大的则更将在后的推塞一下,乘隙奔去。说是踏人而过未免夸张,但那种凌乱狼狈的形状,至今如在目前。又多是穿着长衫,倒下不待爬起,衣角、鞋子被人踏住,加上自个急作挣扎,于是衣服破片,皮鞋,布鞋,东一片西一双,却并无人顾及,直向后奔。惟一向后奔的原因并不在怕军警的追逐,而是你若立住,马上会被前面的退潮推倒,伤损骨肉,或者没了生命。这种不待思索的保卫本能,使得在行列中间的人们或跌或奔,着实不堪。

当然,这只是"误以为"军警开枪所造成的恐慌和挤踏。

更令人难以想象的是,就在学生群殴章宗祥,将其打昏在地之际,丁士源向警察呼吁救援,"警察以未奉长官令对"。这一情节,在后来的讯问记录中可以得到印证,曹宅管家燕筱亭在法庭交代说,"丁局长对巡警说:怎么不动手打?巡警答:我们未奉上官命令,不敢打。丁局长说:我说了行不行?巡警答:不行"。在曹汝霖的回忆录中也记有丁士源要求警察采取行动但被拒绝一事:"问槎(按,即丁士源)向警长说,现在学生已放火伤人,成了现行犯,还能文明对待吗？警长亦不理。"殴打章宗祥就在军警的眼皮下发生着，而军警在求救的时候竟拒绝干预，即便从人道主义的角度出发，或许都应当阻止一下吧，这真叫人有点不可思议。

打人不管，放火呢？当起火的时候，"市民环睹，群相称快；警察亦不来阻止，似乎也已暗表同情的"。不光不阻止，而且还叫学生赶快回家，陈其樵在其日记中记道：

> 众人正肆力捣毁之际，忽见宅内火起。巡警大呼："火起，请学生速整队归去！"于是大队纷纷散归。有力弱不能走者，巡警乃以武力逮捕（此时巡警已接段、吴等命令，令其相机逮捕）。

陈的日记中所记内容在田炯锦的回忆中得到印证，田炯锦说，"过了约半小时，忽见有浓烟自曹宅内院上升。警察忽然高声说：'怎么会放起火来，我们有责任维持秩序，对放火不能不管。你们赶快走，迟则恐怕不能走了。'言次警察们跑进曹宅大门"。

在起火后，他们也只是"不得不作为"，"有限作为"。而当学生从曹宅"胜利凯歌还"的时候，学生们的表现也很轻松、快乐，并不惊慌、紧张。

且看王统照的两次回忆。1946年，他说："然而街上并没戒严，也无人对学生们追逐，质问，任管散去。"1949年新中国成立后，他仍这样说：

> 赵家楼外，大街上有几百个、几十个一群、一簇的学生欢声笑语，带着满脸尘土高高兴兴地向各方散走！布满胡同口与早先呆立在大街左右的军警，对这些虽已散队却依然是人多势

众的青年群也没敢更向前追,他们只将首先冲进曹家住宅的几十个学生阻住捕去。

警察在整个打人放火的过程中的"不作为",固然与"法不责众"有关,恐怕更是与他们对学生的同情,对"卖国贼"受惩后"幸灾乐祸"的心理有关。

周策纵先生说:"在骚乱过程中,警察和学生也在院子里发生了一些冲突。但是警察在那种情况下的态度是很温和的。他们中的一些人实际上是持一种'宽容中立'的态度,只是在接到上司几次紧急命令后才被迫进行干涉。"应当维护秩序时却不维护,警察没去积极阻止暴力事件的发生,这一情形在当时也是一个引人关注的话题。有报道说:

> 对当地的中国在场观众来说,这似乎是一个非常尖锐的讽刺。这个人(按:指曹汝霖)曾为北洋军队筹措到所有军费和军火,他通过他的同伙可以指挥数十万大军,但自己的房子受到青年学生聚众袭击,竟没有一个人为他开一枪或尽一臂之力。

待到烟消火灭、屋毁人散后,警察总监吴炳湘和步兵统领李长泰这才带大队人马赶到现场,并将没有散去在旁观看的学生捕去三十二名。

据第二天出版的天津《益世报》称,各生整队回校时,巡警赶至其后,"放空枪数声,遂追而抓获学生十九人,闻抓捕时,并以枪柄击之"。想想,这也是一定会发生的事,毕竟,"抓捕不是请客吃饭"。

当时家在赵家楼附近的郑振铎午睡方醒,正好看到抓捕学生的一个场景:

忽见一个巡警头上受了伤,裹着白纱布,由两个同伴扶着,进了那个"巡警格子"。过了一会儿,看见一个学生模样的人,穿着蓝布大褂,飞奔的逃过来。几个巡警在后追着,追到空场上,把他捉住了。

这是一个军警与学生冲突的情形,然而,受伤的不是学生,而居然是巡警!在抓捕过程中,巡警与学生多少还是有冲突的,哪有束手就擒的道理呢?当年被捕者之一、北京高等师范学校学生陈荩民说:"我在曹贼院里遭军警毒打时,眼镜被打掉,手表被打坏,胳膊被打得鲜血直流。"

优待?虐待?

学生被捕后,也算是尝到了被监禁的滋味。当时许德珩和易克嶷被捆在拉猪的手推板车上,一边一个,被拉到户部街的步军统领衙门的一间监房。许德珩说:

> 我们三十二人被囚禁在步军统领衙门的一间监房里,极其拥挤肮脏,只有一个大炕,东西两边各摆一个大尿桶,臭气满屋。每半小时还要听他们的命令抬一下头,以证明"犯人"还活着。到中午"放风"才能大便,呼吸一点新鲜空气。看守的人每天提一桶开水,每人发一个大窝头。

其实这三十二人,起初分住两处,步军统领署十二人、警厅二十人,在步军统领署的十二人只待了几个钟头,当晚十二点钟就被移送到警察厅。许先生所说三十二人被囚步军统领衙门并不准确。监牢当然不是宾馆,学生受到的待遇自然是不可忍受的。然而,以往的回忆往往就到此打住,而军警成为学生的对立面的刻板印象也正是由这些不完全、选择性的叙述所建构的。

1919年5月11日的《每周评论》告诉了我们学生被捕的经过和受到的待遇:

> 捕学生的是巡警、宪兵、游缉队。游缉队捕几个人到步军统领衙门去,很虐待的,曾把他们放在站笼里登了几点钟。当晚十二点钟送到警察厅去了。巡警、宪兵捕去的稍须好些。但是被捕之时,也不免捱几下打。到了警察厅的第一天,很受罪,行动言语都不自由。第二天早晨吴炳湘去看,待遇就好些,可以在院子里自由行动。第三天给了一份《益世报》。从他们警厅方面看来,也算优待。然而房屋的龌龊,行动的监视,小便的限定次数,在受之者已甚苦了。

北大学生杨亮功在五四事件后不久所编集的书中说:

> 翌日警厅总监知事体重大,与寻常罪犯不同,乃亲往慰劳,始移住较大之室,解除谈话之禁,并赠报纸多份以备消遣。伙食准厅中科员例,每人每餐约费洋一毛有零,聚食之时共分五桌,每桌坐六人或七人。同学有往慰问者,并可托寄信外出。

当时警察厅的司法处处长蒲志中是梁敬錞的亲戚,五四当晚,他到蒲家打探消息,蒲志中忙到半夜才回。他问:"学生曾否受过刑讯或虐待?"蒲氏答:"吴总监(炳湘)同情学生,只有优待,绝无虐待,更无刑讯。"

警察总监吴炳湘虽是一介武夫,但还算忠厚,还算客气。正是因为吴炳湘对学生的同情,才使得学生在监房里受到优待,而不是虐待,这在当时也是人所共知的。就在学生被捕后第二天的5月5日,在北大法科召开的各校全体联合大会上，有学生报告说："晨间谒见吴总监，告以此次举动之理由，并垂询被拘同学之状况。据云：十分优待，且有报纸可看，当宣布被拘者传出之信，内容略谓'弟等在此颇蒙吴总监优待，请诸位同学努力进行云云'。"可见，警察对拘禁学生之优待所言不虚，连被捕的学生也承认。5月6日的《晨报》上便说："闻厅中对于学生，尚不苛待。"而负责看押的狱卒也不是不辨是非、头脑简单、四肢发达的"丘八"。据被捕学生陈荩民回忆，"面对监狱中十分恶劣的环境，同学们不但全然没放在心上，还在监狱中向看守牢房的狱卒宣传爱国思想。狱卒对学生很同情，有时还把外边的情况偷偷告诉他们"。

如果没看到以上这些叙述的话，我们就会把被关押第一天部分学生受到的"非人待遇"当成所有学生那几天在警厅的遭遇。从上面的叙述也可见，警厅对学生不仅不是"非人待遇"，而几乎是"科员待遇"了。

5月7日，在各界压力下，被捕学生没被追究任何责任，迅即获释。这当然一方面与"五七"国耻日来临，恐激起更大的事端有关，另一方面也与吴总监的疏通有关。5月6日夜，吴总监与北大校长蔡元培磋商，吴提出两项要求：5月7日当天，第一，学生不得参赴国民大会；第二，各校学生须全体上课。蔡以身家作保，学生方于7日被释放。

这是学生游行、被捕、被释过程中军警的表现。

军警跪地哀求学生不要演讲

此后，为了抗议政府并制造舆论，学生组织演讲团在街头演讲，在政府严令禁止、军警奉命弹压时,军警亦非一味凶神恶煞,不讲情理。更有甚者,在学生的鼓动和感召下,他们与学生惺惺相惜,怆然涕下,以至于政府对军警的表现甚为惶恐。

杨亮功为我们提供了这么一个动人的、精彩的场景:

> 犹忆某日前门外有某校讲演学生一团,正讲至兴会淋漓之际,忽来警察一队驱逐听讲者,学生泫然哀之曰:"汝所冠非中国之冠乎?汝所履非中国之土乎?汝所衣、所食、所仰事、所俯蓄非皆中国国民之血汗乎?汝不见吾国租界上替人服役之印捕之无聊乎?汝不见朝鲜亡国后全国军警尽易日本人乎?奈何我辈为救汝中国而讲演,而汝反助彼仇人而驱逐听讲者乎?鸣呼!我最亲爱冠警冠、佩警刀之同胞乎!汝纵不为国家谋生存,汝独不为汝自身谋生存与汝所仰事、所俯蓄谋生存乎?"学生辞犹未毕,警察皆感激泣下,听讲者亦泣。

学生的即兴讲演的确沉痛感人,也许只有在这种尖锐的现实(青岛之不保,警察之弹压)中,才会有此等情绪饱满的演讲词,而正是这样的演讲词刺痛了军警、听众的心。

大概是步兵统领"老前辈"李长泰对于学生过于温和,5月21日,总统下令以素有"屠夫"之名的王怀庆取代李长泰为步兵统领。

然而,即使到了6月2日,警察仍很文明、客气。"上午有不少学生站在大街旁讲演,警察很客气的劝阻;继劝离开他们守望的范围,易地去讲。到了下午讲演的学生与听的民众人数更多,致交通受有阻碍。乃随时有军警驰马而过,冲散群众。但当日未闻有人受伤,或被拘捕。"

我们都知道6月3日军警开始大拘捕,其实在6月2日,张国焘等七人就因售卖国货而"被捕"。是日,张国焘主持的讲演部通过决议,恢复大张旗鼓的讲演活动,他们并身先士卒,以身作则,"经东安市场、王府井大街到天安门这一带中心区域,高举旗帜恢复讲演",与前来制止的警察发生冲突,从而被捕。可是,与其说他们"被捕",不如说他们是"求被捕"。我们从当时警署的报告中可以看到,当时他们在警署抗议警察滥用职权,非法被捕,"无稳妥之答复即不能离署"之情形,学生的"无理顽赖,决不转圜",让警方无计可施,大为头疼:

> 本日下午二时余,又据东安市场巡官白祖荫电称:有北京大学校学生刘仁静、陈用才等二名,在市场南门内售卖国货,并有该校学生牟谋用大洋一元购买,故意因钱惹人注目。经巡官、巡长等婉言劝说,而该学生等大声疾呼,谓警察阻制人民买卖自由,并齐声喧嚣。现在办公室内,等情。当经电饬婉劝,令其到署。经职在外接待室内接见座谈,告以不可卖物之理由并警察劝阻之用意,劝至三小时之久。其时并该校执事人林冠英自行到署,帮同劝说。该学生等坚称警察为不法之干涉,既被巡警送来,即不能走等语。该管理员无法,先行走去。复经职多方譬解,该学生等见又有巡警送学生来,始行走去。于是又将第二起学生接见,一名蔡邕贤,一名王汝楠,均系北京大学学生,其劝说辩论情形大略与第一起之学生相同。正劝说时,而第三、四、五起学生相继而为巡警送至,共计钟笃余等七名,均系北京大学学生也。其所执之理由则谓售卖国货并不犯法,巡警干涉即为滥用职权,送其到署则为违法逮捕,不但不能停止卖货,如无稳妥之答复即不能去署等语。职以彼等蓄意矫情,故婉譬曲解,百端劝说。不料该学生等无理顽赖,决不转圜。

乃经电禀将其送厅，而该学生又只推出二人代表到厅，其余五人在署候信。遂先将钟笃余、张国焘二人送厅后，又向在署之陈锡等五人劝解良久，始终坚执既不赴厅亦不走去。后据要求非有先赴厅学生之电话，彼等不能出署等情。在职署本不难强制将其送厅，惟该生等势必叫嚣，殊于观听有碍，于是复电知司法处令学生通电话后，在署之陈锡、倪品真、刘宝华、龙石强、刘云汉等五名始允赴厅。此本日学生顽赖之情形也。查该学生等蓄意顽赖，本无足计较，惟分起相继而来，实于警察公务上大有妨碍。[15]

"如官厅认为违法，则请依法惩办。"俗云"秀才遇到兵，有理说不清"，这活活就是"兵遇到秀才，有枪也没用"，真可谓是"请神容易送神难"也。

到了"六三"那日，军警奉命搜捕四处演讲"煽动群众"的学生，这才有了真正的暴力行为。周予同回忆说，学生十人一组到处演讲，"步军统领衙门的军队和保安警察队听到这消息，蜂拥而来。军警的枪枝上上了白晃晃的刺刀，并间用马队迎头冲击，这种凶恶的手段是五四那一天还没有出现的"。

6月3日，军警对学生是毫不客气的。

可是，才过了一天，到了6月4日，军警的态度又有所改变。据匡互生回忆，到6月4日，警察的表现和6月3日截然不同，"不过四日军警方面所持的态度，实在也和三日两样，因为他们三日见着演讲的学生即尽数捕去，四日却只极力苦劝（甚至于有跪地哀求的）学生们不要再出外演讲，绝对地不再捕人了"。军警"跪地哀求"学生，这是什么场景啊。

至于看守被捕学生的警察又是怎样的态度呢？"他们除了表同情于学生以外，并且有许多明了事体的军官还大骂段、徐、曹、章卖国的不是！不过碍于形式的命令，不便有积极反抗的表示。"

郑振铎还说，有一次学生演讲，政府把学生圈禁在天安门广场上，晚上，作为代表的他帮朋友送衣服，但任凭怎样交涉都不让进去，于是"我们愤激极了，几乎要破口大骂。但北京的军警似乎久已养成了一种'好'习惯，专用软功来对付，他们不冒火，只是慢吞吞的应付着，并不是不理会，却总是个拒绝。馒头和水果却送了不少进去"。看来，"以软对硬"向来就是北京军警的"好作风"呢！

就整个五四事件中军警的表现来看，除了五四、六三中他们奉命拘捕学生以外，可以说，他们的表现并不那么可恶可憎。

关于五四事件中军警的表现，鲁迅有过这么一个说法："我还记得第一次五四以后，军警们很客气地只用枪托，乱打那手无寸铁的教员和学生，威武到很像一队铁骑在苗田上驰骋；学生们则惊叫奔避，正如遇见虎狼的羊群。但是，当学生们成了大群，袭击他们的敌人时，不是遇见孩子也要推他摔几个勋斗么？在学校里，不是还唾骂敌人的儿子，使他非逃回家去不可么？这和古代暴君的灭族的意见，有什么区分！"这一说法值得我们注意，在鲁迅看来，军警固然"威武"，但却是"很客气"的，学生固然文弱，但也不是"吃干饭的"，"敌人的儿子"也不放过，不知鲁迅此处所论"唾骂敌人的儿子"所指何人子女，五四之后，曹汝霖的子女在学校里正有这样的遭遇。

曹汝霖说："自五四运动以后，子女在北京学校，受不了同学的闲言诽语，不得已只好转学。三男权本在清华预备学校，转入上海南洋中学。二女梧孙在教会圣功学校，仍旧。四女幼梅、五女庆五，转入上海中西女学，后又回京入圣功。六男在师范附属小学，未转。"报人徐铸成就提到曹汝霖的儿子在南开上学时受到同学们冷眼以待的情形："我在天津时，就听说曹汝霖的儿子在南开上学，课堂里是坐的独桌，因为没有一个同学肯同他并坐，下了课，也没有人理睬他。"[16]在当时人人视曹为卖国贼的情形下，曹的子女在同学中的如此遭遇也是可以想见的。

火柴

关于5月4日那天的情节，与几十年后的材料相比，当时各大报刊所登载（此一事件至5月4日晚六时左右方告结束，因此5月4日的报纸绝不可能发表与此事件相关的报道，也就是说5月5日的报载材料就是第一时间的材料了）的材料似乎是最可依赖的。然而，千万得注意，并不是所有情节都是如此，有些情节却是"当时迷""事后清"的，"起火"就是一例。

曹家放火，嫁祸栽赃？

"火烧赵家楼"是5月4日当日中的高潮，然而，这把"火"是怎么点起来的？5月5日的《晨报》这样说：

> 时正下午四钟，且见火焰腾腾从曹宅屋顶而出，起火原因如何，言人人殊，尚难确悉。

而5月5日的《益世报》这样说：

传闻起火原因有二：一说因电灯被砸，电火溢出，一说系曹家人自放，各生见火起，乃离曹寓。

总之，在当时，放火焚屋似乎与学生毫无关系，这也正说明了"火烧赵家楼"此一日后被视为"壮举"的行为在当时学生看来却是一个不敢承认、不能承认的"罪证"。至少在当时，放火、毁宅、殴人等事迹并不像今天我们所说的那样是一件"英雄壮举"，而是谁要做了这事，谁就得面临着刑事犯罪的指控和惩罚。

"曹家人放的火"是当时广为流行并被人广为接受的一个说法。这个消息可能最早出于"某通信社"：

据某通信社报告云，各校学生赴赵家楼曹汝霖宅，高呼卖国贼，门者出而干涉之，学生大愤，以为此次游街大会，纯系良心上之爱国行动，曹氏何人，安得妄加干涉，激烈者与之争辩，甫入门内，不知何故，内室忽然火起，先入者退出门外，巡警已密布围捕学生，此中实有曹汝霖奸谋，故为此以陷学生于狱者，盖各生仅持小旗于手，绝未有危险品隐藏于身，乃甫入门而火即起，其故可知矣。[17]

几十年后，孙伏园在回忆中还这样说，学生"到赵家楼曹汝霖家，先只在门口骂卖国贼。曹家人出来回骂，才闯进去打骂国贼"。这自然不是事实。孙伏园所云可能是受当年的不实消息影响所致。当时的情况是，学生搦战而不得，曹家人避战不及。更何况他本人也只是参加了前半段的游行，并没有身经后面围攻曹宅的高潮。他本人在游行队伍去曹宅之前，就中途溜出到鲁迅先生家里聊天去了。1919年5月4日鲁迅日记记有："徐吉轩为父设奠，上午赴吊并赙三元。下午孙福源君来。刘半农来，交与书籍二册，是丸善寄来者。"当然他也向鲁迅先生详细说了"天安门大会场的情形"和"游行时大街上的情形"。

作为第一批冲进曹宅的学生,杨晦也认可"曹家人放火"的说法。他说:"这些无耻政客,国都可以卖,还有什么事做不出来?一放火,造成学生的刑事犯罪,岂不就可以逮捕法办了吗?"其实,"曹家人放火"以嫁祸、诬陷学生根本就是不可能的事。面对墙外三千余学生的围攻及此后的破门而入,紧张惊恐、狼狈不堪的曹家人躲之唯恐不及,哪敢与群情激昂的学生为敌呢?

曹家人非但不敢和学生摆开擂台、拉开架式互相叫骂,相反,躲避不及的曹家人立即受到了学生的羞辱。俞劲说:"等一会搜到了曹汝霖的父亲和姨太太,大众不约而同的痛骂了一顿,骂他的父亲为什么养出这样一个卖国贼的儿子,对那位姨太太赏了两个耳光。院子内停着一辆小汽车,也把它捣毁了。"数落曹父的细节很精彩,合情合理,你我在场,或许也会这样做的。只是打了姨太太两个耳光,或许有点夸张。杨亮功也记叙了这件事:"旋见一老人,知其为曹汝霖之父,有某君向前骂其教子不善至于卖国,然以其年老可怜亦未加以捶打,而其妇女小孩子皆命警察扶去,并未受丝毫之惊。"这一叙述似乎更合乎情理。

那么,当学生在曹府墙外扔砖头、抛白旗时,曹汝霖本人在做什么呢?他当时正与驻日公使章宗祥,交通部航政司司长兼京绥、京汉两铁路局局长丁士源,日本自由思想家中江兆民的儿子、日本记者中江丑吉在家交谈。正是中江丑吉这个日本人,在这天章宗祥被打时,起了重要而关键的保护作用。其实这个中江丑吉与曹汝霖关系相当深远,当年曹汝霖留学日本时,经张新吾的介绍,就在中江兆民家住了三年,相处甚为愉快。曹说:"时笃介氏已故,家只有中江夫人,及一女一子,女名千美子,子名丑吉,均在女高及中学攻读。中江家待我很亲切,其夫人时时讲丈夫笃介氏之孤高耿介,曾留学法国,醉心民主自由主义,时伊藤当国,劝其出仕,以主义不合终不应命。"可见,他们的关系非同一般,也正是这个中江丑吉,日后是唯一一个劝曹汝霖"保全晚节",不要出任"华北临时政府主席"的日本人,颇有远见。

当时曹汝霖哪儿去了?有人说"曹贼逾墙逃走,跌伤一腿"。当年编就的"卖国贼丛书"之一《章宗祥》中就这样说:"其实曹氏本在家中,当学生入门呐喊时,知风头来的不顺,出前门既不可,出后门他怕吃亏,遂想出一跳墙之计。不料心慌手乱,跳的法子不妙,不留神把腿摔伤,由家人保护往六国饭店去了。"说得"有鼻子有眼",和真的一样。还有的说曹是从"东便门"溜走了。当年在曹家当差的李静庭回忆称,当学生冲进来时,曹汝霖再也沉不住气了,"悄悄从屋里溜出来,溜出小后门,直奔厨房。在厨房绕了一个弯儿,看见厨房里挂着有打杂穿的灰大褂,这时他也不嫌肮脏了,连忙穿在身上,又拣了小厨子的一顶帽子,扣在头上,深深地扣到了眉部,这就出了厨房往东,向东边的小便门走去。汽车就停在小便门门口中,他上了汽车便开往东交民巷法国医院藏躲起来了"[18]。

甚至到 2009 年,对当年五四档案进行所谓解密的文章还说曹是从后门溜走的:在当时,"狡猾的曹汝霖在听到叫骂声后,立即从后门溜出来,乘乱换上便装,又出东小门逃往东交民巷的法国医院","在馆藏档案中清楚地记载了曹汝霖当时正在家中并且乘乱逃跑这一细节,来自曹汝霖管家张显亭和仆人李福的证言同时证明了这一点"。其实,他们的证言无非是说"我主人藏开了",须知"藏开了",并不是"逃跑了"的意思。

自然，曹本人的记述更为准确。他说，他当时一直就躲在他妻子的卧房和两女儿的卧房中间夹着的、两面都相通的箱子间，直到学生散后，警察来了，他还都一直躲藏在屋子里，而学生们却没找着他。他也由此躲过"一劫"。"我于仓猝间，避入一小房（箱子间），仲和由仆引到地下锅炉房（此房小而黑）。这箱子间，一面通我妇卧室，一面通两女卧室，都有门可通。"他只能老老实实地躲在室里，耳听外面的打砸声。其时他躲都来不及躲，又岂敢叫骂、反抗，又岂敢放火或指示家人放火给学生栽赃？

恰恰相反，据尹明德说：

> 被捕的学生，当晚即被军警机关讯问，并逐一搜查身体，意在追究放火责任，但三十二人中，并无一人身带火柴。当时在黑暗专制反动统治时期，学生不敢承认放火，恐贻反动派以口实，伪称系曹宅自行放火，借此驱散群众。

"身带火柴的人"当然不一定就在被抓的三十二人之中。法不责众，警方只好以"电火溢出"来了结这个"不得不了"的"葫芦案"。

"他要我快跑去买盒火柴"

当初，迫于追究责任的压力，学生不敢承认放火一事，今天，学生放火这一事件不仅不必讳言，而且成为光荣壮举。但这把火到底是如何烧起来的呢？有两种说法：

一种说法是说在曹宅，学生在汽车房里找到一桶汽油，以汽油泼洒小火炉，致使火起。范云称：

>有人在汽车房里找到一桶汽油,大家喊着"烧掉这个贼窝"。汽油泼在小火炉上,当时火就烧起来了。

杨振声的说法与此相像,他说:

>搜索到下房,有人发现半桶煤油,就起了"烧这些杂种"的念头。

另一种说法是说有学生点燃了卧室里的帐幕,火就烧了起来。或许两种情形都有,但后一种说法在此后的各种回忆中更为具体,我们在各种回忆中可以找到点火者、火种、可燃物、旁观者。

周予同在回忆中说:

>于是带有火柴、火油的同学们便将卧室的帐子拉下一部分,加上纸头的文件,放起火来了。这一举动没有得到所有在场同学的赞同,火焰在短时间内也并不旺扬。

周说的是火起卧室。5月13日,京师地检厅侦讯曹宅管事张显亭时,他称火起书房。问:"你说将书房烧了,是用什么烧的?"答:"用报纸、汽油将围屏点着的。"6月20日,张显亭在京师地方审判厅对其的问讯中亦称,"在中间院北屋书房起的火。我们家里有汽油,用汽油点燃报纸围屏起的火"。当然,他不在起火现场,他只是听人说的。陶希圣也说到书房着火的情形,"那些进入书房的学生们眼看着玻璃橱里的金字背脊的厚洋书,不忍其被烧,还想救火"[19]。读书人有谁愿意眼睁睁地看着"焚书"的事情。只是当时学生人多势众,曹家人也无法辨清系何人放火。

2009年,报纸上的所谓五四解密文章中称:"在档案中,我们并没有找到谁是第一个点燃曹宅火的人,这不仅在当时是未解之谜,到现在依然还是一个没有解开的谜。"谁是放火人,这在当时是未解之谜,但到现在,应当早就不是一个谜了。

这"放火者"正是北京高等师范学校数理科四年级学生匡互生同学。

匡互生生于1891年11月1日,与当时年轻的北大教授胡适之老师同龄,湖南省宝庆县(今邵东县)人,从小习武,臂力过人。辛亥革命时,还是中学生的匡互生就曾参加反清起义。大学毕业后他返回长沙,应聘为湖南第一师范学校教务主任,聘请毛泽东为第一师范国文教员,并与毛泽东等人发起组织文化书社。1925年,他又与丰子恺等人在沪创办立达学园,主持校务8年,1933年4月22日在上海病逝。

匡互生是湖南人,五四运动中,湖南人的表现很是活跃。陶希圣说,在五四前夜,山雨欲来风满楼,学生纷纷集会、演讲、讨论,在这些集会中,"以湖南口音居多数"。这与湖南人的民风士气有关,正如五四青年柳克述所说:"湖南的民风士气,向称朴实而刚劲。"关于湖南人的脾性,后来的梵文大家徐梵澄也这样评说:"普通湖南人的脾气,好走极端,激烈。"而五四当日,在以匡互生为首的"秘密行动小组"中,就有很多"南方人"。罗章龙说:"组内成员有不少同学是南方人,身强力壮,具有南方强悍民风和勇于斗争的精神。"这里的南方恐怕多指湖南。五四消息传到湖南后,湖南人也是迅速响应,"湖南的民性比较刚直,所以,当北平五四运动的消息传到长沙,不过三天,学生爱国行动立即响应起来"。后来,革命队伍中湖南籍的领袖更是屡见不鲜,如毛泽东、刘少奇、彭德怀、贺龙等。正是匡互生这个性情"激烈"的湖南人在曹宅点燃了烧毁曹宅的"这把火"。

从周予同的回忆可知，当时的放火行为并不为同学们一致赞同，尤其得不到法律意识相对较强的法政专门学校学生的赞同：

> 有些同学，尤其是法政专门学校的学生，他们认为放火殴人是超出理性的行动，是违反大会议决案的精神，颇有些诽议，而不晓得在五四前夕的小组会议上放火殴人也是被允许的一条决议呢！

学生领袖、北大学生段锡朋还试图阻止匡互生扩大事态的放火行为。他上前阻止匡等人的放火行为时说："我负不了责任！"匡互生毅然回答："谁要你负责任！你也确实负不了责任。"匡互生当天回到学校，听到三十多名学生被捕后，他曾要求去"自首"，其意是他才是真正的放火者，不想叫别人为他代过，但为大家所阻。

当时匡互生点火的火柴是一个叫俞劲的同学提供的。俞劲回忆说：

> 当时队伍在大街游行的时候，我和某君（按：当指匡互生）同在队伍前面，他要我快跑去买盒火柴，我知道他不吸烟，干么要火柴？但立刻体会他要买火柴的意图，便迅速地离开队伍买了一盒给他，这盒火柴果然得到了妙用。

俞劲提供了火柴，匡互生点了火。周予同回忆说："匡互生便取出火柴，同我一起将卧室的帐子拉下一部分，加上纸头的信件，便放起火来了。"这一幕被罗家伦看到眼里，罗说："至于放火的举动，乃是高等师范的学生开始的，我看见有两个学生，自身上掏出许多自来火来，如果他们事前没有这个意思，为什么要在身上带来这许多自来火呢?"[20]这两个高师的同学应当就是匡互生与周予同。也可见,罗家伦也觉察到"火柴"是高师学生事先准备的。

有了火柴,还要有煤油,北大学生萧劳也是放火现场的目击者,他亲眼看见当时的放火情形:

> 我行至曹家门外,看见穿着长衫的两个学生,在身边取出一只洋铁扁壶,内装煤油,低声说"放火"。然后进入四合院内北房,将地毯揭起。折叠在方桌上面,泼上煤油,便用火柴燃着,霎时浓烟冒起。我跟在他们后面,亲眼看见。大家认得他俩是北京高等师范(北京师范大学前身)的学生。

一根火柴点燃了曹宅,也使得这一游行事件陡然升级,成为五四事件的最高潮。这一把火,将曹宅三院共五十余间住房,"总计此次共焚毁了房屋十一间,所有各房全部门窗、家具、什物悉被捣毁"[21]。

高师的"秘密小会"

其实,北高师匡互生同学放火烧宅,乃至引导游行队伍前往曹公馆,并不是一个无意识的、超乎预料的、偶然的行为,恰恰相反,这是一个有意识的、预料之中的、必然的行为。

我们都知道,5月3日晚上,在北大法科大礼堂,北大学生及其他各校学生代表召开了大会,正是这个大会决定了第二天5月4日举行游行示威。在这个大会中,起初北大几个学生登台演讲,但"未能洞中肯綮",致使会场气氛冷淡,如果不是法政专门学校的学生代表及时发表演讲,激发情绪,再加上一个叫谢绍敏的北大法科同学当众咬破中指,撕破衣服,血书"还我青岛"四个大字,估计

5月4日各大专院校联合行动的事情保不准就要"黄"了。除此之外,5月3日晚上,北京各个学校学生都纷纷集会,商讨对策,据陈荩民回忆,在高师的校内风雨操场的集会上,"同学刘庆平当场咬破手指写血书,表示决心,大家非常激动"。

我们一般讲五四运动都一定会讲5月3日晚上北大法科大礼堂的这个大会。但其实,几乎与此同时,一个几十个人的小组在北京高等师范学校饭厅旁的一间小屋开了一个"秘密小会"(据周予同说,五四前夕召开这样秘密会议的,除了高师以外,北大也有一个小组)。而正是高师的这个"秘密小会"左右了第二天学生游行的走势。

我们以往只看到北大召开的"公开大会"与第二天五四运动的关系,而忽视了北高师召开的"秘密小会"与五四运动的关系,而正是后面的这个会议,决定了五四运动"不是以往一般的请愿示威游行",而是"带有暴动的性质"。

周予同回忆了当时他们的周详计划:

> 在我们这个秘密会议上,有一部分同学一开始便不愿意用和平的游行请愿方式,而激烈的主张在可能范围内进行暴动。这个提议在群情愤激下得到了通过。但怎样进行暴动,用什么武器来暴动,都没有加以细密的考虑,而只是要个人自己想办法。那时,据说有校外人士可以供给手枪,但没有结果。不过卖国贼曹汝霖、章宗祥、陆宗舆三人的照片却早从大栅栏一带的照相馆中设法到手,以便暴动时有所对证。其余少数同学也只分别带些火柴、小瓶火油,以便相机利用,但是当时即使是化学科的同学,也没有想到用烈性的药物。

还有类似的回忆。俞劲称："与会者异常愤慨，有主张暗杀卖国贼的，有主张实行暴动的。最后决定派人密查卖国贼曹汝霖、章宗祥、陆宗舆等行动，并准备五月四日那天采取行动。"高师的一个叫冯克书的同学在五四后写的家书中也提到，5月3日学生曾"提议先将交通总长驻日公使等卖国贼打死，然后再作外交后援"。他虽没提及这是哪次会的决议，但据其所说内容，以及他之所在学校来推断，当与在高师举行的这个秘密小会有关。

这个密谋采取激烈手段的"行动小组"的核心人物正是匡互生等人，组员似乎各个高校都有。熊梦飞说："互生鉴于上次请愿失败，决计暴动，以身殉之，先期密约死党十余人，调查曹汝霖宅——自高师附小曹子口中得悉，准备手枪不获，购火柴代之。"而据匡互生本人交代，他们早就踩好点，并且还立好了遗嘱，托付了后事。"各校的热烈分子——二十人以内——都有相当的准备，甚至于有连身后的事都向亲密的朋友商托好了的！"还事先派会员将"卖国贼"住宅的门牌号数调查明白，以便直接行动。于是5月4日早晨，凡在各校主张激烈行动的分子将这些实地联络的信息"暗中已心心相印了"。

罗章龙提到他们这个秘密行动小组是由易克嶷、罗汉、匡互生及他为全组负责人，具体分工如下："经过商量研究，确定宋天放、吴慎恭等去探查卖国贼的住宅，查明行动的门路、进出的路线；另外，易克嶷、刘澄宇等想办法认识曹汝霖、陆宗舆、章宗祥等人的面貌。为认识曹、陆、章等人，大家想了一个办法，北京的廊坊头条胡同，是几家照相馆的集中地，当时政府一些官员为了显示自己，将个人的照片都陈列出来。我们就派人到照相馆去对号。这些准备工作都是事先完成的。"

直到 5 月 4 日凌晨四时，匡互生还跑到北京工专学生夏秀峰的宿舍，约他共同参与，并告诉他已经约好其他学校的几个老乡。夏回忆说：

> 五月三日晚上在北大法科开大会时，虽然群情激愤，也只决定要到曹、章、陆三个卖国贼家门前去游行示威，并无人公开提出要对他们动武。可是学生中确也有暗地作了一些采取激烈行动的准备。记得五月四日清晨四时左右，天还没有大亮，高等师范学生匡济，就到北京工专学生夏秀峰宿舍里找夏（夏住在北京西城大觉胡同十号榆园），告诉夏一件这样的事：他（匡）和北京高师几个学生组织了各校一批同学，原来打算在进步系的国民外交协会五月七日在中央公园开国民大会请曹汝霖等出席受质询时，将曹等当场打死一两个，以快人心；但现在的情况变了，北京学生今天来个示威游行，一定会把卖国贼吓住，再不敢于五月七日到中央公园去出席会议，他们原来的计划，须提前于今天执行，无论到哪一个卖国贼的家里去（因此时还不知道一定是曹汝霖家里去），就在那里动手，能打倒一个卖国贼，就是好的。夏领会并同意了他的意见，即请匡去约其他同学，以免在这里多谈，泄露机密（因与夏同住的还有其他几个学生）。匡并告夏，他已到北大约了陈锡，还拟去法专邀约谢濂。陈、谢二人，都是匡的宝庆同乡，匡认为是靠得住的。

不了解北京高等师范学校的这个秘密会议，以及以匡互生等人为首的二十来个人的"秘密行动小组"的预先谋划、秘密串联，自然就会以为学生队伍转去曹宅放火殴人是个意外的偶发事件了。

事后很多不明内情的学生就是这样认为的。王抚洲说："当时在天安门集合的目的，只在对各国使馆游行示威，并无往赵家楼曹宅的预谋。""当时学生团体是十分和平守法的，殴打章宗祥，焚烧赵家楼的暴动是青年郁结的悲愤，突然爆发的，而决非事前有任何预谋。"北京高师学生陈其樵在他的日记中写道："今日学生之举动，非原意之所及。一时激起众怒，始破扉而入，打伤贼头。若早有计划如此下手，前后门同时把住，曹、章两贼恐难逃活命！"田炯锦也称："到曹宅门前捣落屋瓦，击破窗纱，完全出诸各人临时冲动，绝对无人指使或暗示。"陆懋德则称："盖击奸焚宅，皆是过程中转变所致，非最初之计划也。"王统照倒是曾怀疑可能有人预先有此计划，但他还是倾向于认为当时的激烈行为是临时的、自发的行为："或者，主持开此大会的几位，原先打定开会有所举动——示威——的计划，不愿先广遍声明？也许并无聚众进入曹宅的拟稿？至今我尚不能断言。不过，据当时身经，却以后说为是。似乎并无人预先划定举动的路线，按步进行，而是由于青年热情在临时迸发出来的一场热烈举动。"他们之所以这样认为，只是包括他们在内的绝大多数同学并不了解这其中的"秘密"而已。

正因为是秘密行动，对于将要发生的"暴动"，绝大多数学生、在场的警察以及曹汝霖本人，自然就没有心理准备。匡互生说，"当时政府派出在学生队伍前后巡逻的侦探虽然很多，却也一点摸不到头脑。不惟他们看不出学生们有痛打曹章等的决心，并且也不相信学生们会有什么暴动的——老实说，最大多数的学生，实在没有这种预备的。"夏明钢说："火烧赵家楼，痛打章宗祥这一壮举，不仅为军阀政府所未料及，即在学生群众中，也不是全体都有思想准备的，就是说，是在一部分学生有准备，一部分学生无准备的情况下发生的。"曹汝霖自然也没料及，在预先接到吴镜潭总监说有学生集会天安门，上街游行的电话后，他还称，"关上门就得啦"。

了解了 5 月 3 日在北京高等师范学校举行的秘密会议后，就不难理解 5 月 4 日在曹府发生的一系列事件的必然性了，而我们往往忽略了这一点。

文北大，武高师

这一文一武两出戏的分界正发生在学生队伍离开使馆区、前往赵家楼之时。按照早晨在"法政学校"（注意不是北大）的决议，学生在使馆区递交请愿书后，似乎接下来要转向"哈德门（崇文门）大街商业区"游行，或者"到总统府请愿"，但无论是去哈德门还是到新华门，都没有去曹汝霖家的计划。

到曹公馆示威甚至采取"激烈行动"既然不是决议中的事情，那么，为什么学生的游行队伍却浩浩荡荡地开往曹府呢？当时队伍中"有人"高呼"到赵家楼曹汝霖宅去"，人群一片响应，这高喊到曹宅去的人不是别人，正是高师的"我们一些同学"。随后他们将队伍引导往曹宅。这时，北高师参加秘密会议的那批学生开始悄然"主导"了当时的局势。俞劲说：

> 队伍出了小胡同之后，依照大会决议，应向总统府去请愿；但走在队伍前面的人（有些是参加五四前夕秘密会议的），却有目的地引导队伍浩浩荡荡向赵家楼曹汝霖公馆走去。

"羊群跟着头羊走。"罗章龙也这样说，"除了小组的负责人，谁也不知道这次游行要去攻打赵家楼。队伍在东交民巷受阻，经过一番交涉后，领队就簇拥着校旗，改道把队伍带到东城猪市北边的一个较大的胡同（赵家楼就在这里）"。就在队伍开拔赵家楼的这时起，五四这天学生游行的主导权已经从北大转移到北高师手上了。文戏已经结束，武戏即将开场。匡互生云：

> 这时候负总指挥的责任的傅斯年，虽恐发生意外，极力阻止勿去，却亦毫无效力了。

身为运动总指挥，北大的傅斯年同学已经失去控制局面的能力了，北高师的那些激进学生"走在队伍前面"，匡互生等人成为学生们的"领队"，而正是他们这批人主导了五四当日的游行队伍。接下来发生的事件其实都是预料中和计划中的事情。

果然，那天在曹府冲锋陷阵的干将几乎都与高师的那批学生有关。比如，当学生在曹府受阻时，正是那个膂力过人、身怀武功的湖南人匡互生，一拳击破曹宅大门右边的窗玻璃[22]，也有说是身怀内功的匡互生"将铁栅扭弯了两根"（他"只要用手一捏，就能够把弯的铁门扣捏直"），率先爬入。也有说攻打的同学是用斧头砸破窗户的，当时北高师的张润芝同学正忙活着用斧头将他写的那幅著名的挽联钉到曹宅门上，"砸窗子的人看见遂将斧头借去，用斧头砸窗子比用砖头好得多，不但将窗子砸碎连窗子框也砍掉了"。

总之，不管怎样破窗而入，匡互生同学可以说是"一马当先"。俞劲称：

> 这时突然有领队某君，奋不顾身，纵步跳上右边小窗户，随即有好几个警察死死的拉住他的腿往下拽，领队的学生们看到后，有的就用尽力气去掰开警察的手，坚持不下。

于是，有人痛哭流涕地演说，警察受感动后方才松手，进入曹宅的匡互生等同学便打开了曹宅大门。

到底是谁率先进入曹宅的？高师同学、后来编写了多部高等数学教材的陈荩民提供了另一种说法，他说："我身材较高，就踩在高师同学匡互生的肩上，爬上墙头，打破天窗，第一批跳入曹贼院里。我和同学把大门门锁砸碎，打开大门，于是，外面的同学一拥而入。"邵延焘的回忆也称当时陈荩民等"急中生智地就踩在同学匡互生的肩上，第一批从旁边窗门爬进去"。当时第一批爬入曹宅打开大门的还有杨明轩、朱究庭等学生。看看，这又是高师的同学。

率先进入曹宅的正是以匡互生为首的高师同学，攻入曹宅后放火亦是高师的匡互生等人所为，而"放火"本系他们预先谋定的事情。当然，这并不是说，所有的过激事件都是高师学生所为。

可以说，正是以北高师匡互生等人为首的一批激进分子预先计划、积极推动，导致了五四当日学生在曹宅的焚屋殴人事件。了解了这一点，我们进一步可以下这么一个判断：在5月4日这天，北大的傅斯年、罗家伦等人主导了五四游行中的前半段"文戏"，即天安门集会、使馆区抗议；而高师的匡互生等人主导了五四游行中的后半段"武戏"，即火烧赵家楼、痛殴章宗祥。而这后者正是五四当日学生游行中的最高潮。

以往，我们将这"文""武"两出"戏"视为一个整体，又将这一天活动的推动力和主导权归结到北大身上。当然，无论是从学校所处的地位、学生的参与数量及程度，以及此后北大所发挥的核心作用来看，北大当之无愧是五四运动中北京乃至全国高校的"领头羊"。当时便有"罢不罢，看北大。北大罢，不罢也罢。北大不罢，罢也不罢"的说法，足见北大在北京学界举足轻重的作用。

但现在看来，至少"武戏"就不是北大所主导的，即便是"文戏"，北京法政专门学校的学生也还有话要说呢！法政专门学校毕业生王抚洲就这样说道：

> 北京大学在北京各大专学校中，向来居于领导地位，这是事实，五四运动，除了发起一事，北大一直居于领导地位，出力最大，这也是事实。然而却不应该因此埋没了其他事实，而将发起的一小段史实完全抹去。以后记述五四运动史的应当记上，五月四日（星期日）上午十时，北京各大专学校的学生代表曾经集会，开会的地点是国立北京法政专门学校法律科大讲堂，在这会上作了下午齐集天安门，游行示威的决议。而各大专学校学生代表何以当日上午齐集法专开会，其事前必须有人联络通知，至为显然；五月三日推派代表分赴各大专学校联络的是法专的学生。

王称，他说这些话，"纯为实事求是，决无争功邀名之意"。"我以为像五四运动这样纯洁伟大的爱国运动，任何一个或几个人说是五四运动是他或他们发动的，这未免是贪天之功，甚至是过于抬高了自己。因为以当时的情势言，人人都要发动一个'内除国贼，外抗强敌'的运动。"在曹宅放火的北高师的匡互生也批评了"把北京各校学生共同的举动认作北京大学学生所独有的举动"的错误认识。就连北大学生陶希圣似乎也对北大的核心作用不无异议，他说："北京大学的学生没有组织中心，也不是各大专学校学生的组织中心。"正如他们所说，五四之功是大家的，不是几个人的，是各校的，不是北大一校的。

但具体到5月4日这天的学生活动，可以说，北大的傅、罗等人和北高师的匡互生等人先后分别主导了五四当日的"文戏"和"武戏"，而这"武戏"是五四当日游行的最高潮的部分。

迎面一砖，当头一杆，浑身臭蛋

匡互生等人一动手，后面的激烈行为恐怕就不全是那批激进分子所为，也非其所能控制的了。五四当日在曹宅的暴力行为，除"放火"以外，便是"殴章"了。焚宅只是财物损失，而殴章却是皮肉之苦，甚至有性命之忧。

这天，最倒霉的莫过于驻日公使章宗祥。他情急之下，躲在曹家地窨子内，火起后，只得出来，与日本记者中江丑吉走出时，随即被人认出[23]，顿时遭到一顿暴打。殴章的具体情节如何？除了众学生"拳打脚踢"这些"常规动作"外，笔者用十二个字加以总结，那就是：迎面一砖，当头一杆，浑身臭蛋。

5月5日《益世报》报道有云："学生有识之者指曰，其中有章宗祥，欲围而殴之，有一生以砖头击章首，血流被面，各日人卫拥章出后门，匿一小洋货店内。"北大学生霍玉厚也提及这一场景，而且指出拎砖击章的人系"中文系的黄显荣"。"真是冤家路窄，同学中有一个是章宗祥的同乡，认得他，就大喊：'这不是章宗祥吗！'他这一喊，中文系的黄显荣拿起砖头就掷向这个卖国贼，别人也围了上去，一顿拳打脚踢，把个章宗祥打得半死。"

除了挨了当头一砖外，章还挨了劈头一杆。匡互生目击了章被旗杆劈头一击的场景："忽然在东院房间的木桶里走出一个身着西装面像日人的人，被一个同学赶上前去用一根旗杆劈头一击，那人就倒身在地佯作身死，于是动手打他的人就往后走去……哪里知道那佯作身死的人乘机逃到外面一间皮蛋店里去躲藏好了。"曹家管事燕筱亭和曹汝霖都不约而同地提到这一场景，燕筱亭云："有一学生手[持]木棍就是一下，就将章公使打倒，众学生包围起来乱打。"曹汝霖回忆录中称："有一学生，将铁杆向他后脑打了一下，仲和即倒地。"只不同的是，旗杆变成"木棍""铁杆"，曹所说的这"铁杆"也是有来历的，那是他女儿卧室铁床的杆柱，被学生"拆作武器"来用的。章宗祥挨了一砖，倒还没事，只是挨了这一杆，随即倒地，这倒不是"装死"，是脑震荡使他晕倒之故。

当学生在暴打章之际，日本记者中江丑吉拼命保护了章，俞劲说："忽而搜得一个人出来，有认识的人喊道：'这是章宗祥呵！'群众愤怒极了，于是你一拳，我一脚，把他打倒在地。正打得起劲的时候，忽然来了一人，拼死命地保护着他。你打章的头，他用身体遮盖章的头；你打章的脚，他用身体遮盖章的脚，这样拼命保护章贼，却一言不发。……把章宗祥打得一个半死，才让那个日人把他护送去了。"这时站守在曹家东门外的保安队排长何文贵带着他的九个队兵将章解救出来，并与中江一并将章护送着从东门逃出，随后躲到离曹家不远的城隍庙街附近一家叫"东祥成"的油盐杂货铺，然后何文贵就去救火去了。然而，躲在杂货铺的章的噩梦并未结束，杂货铺掌柜庆祥说：

> 有身量高大者同章公使来我铺内暂避，即有学生追至，被章公使同行身长之人用伪言哄走，旋有保安队队长何文贵请求将章公使置我柜房内，免被学生寻获，我当允许，遂将章公使让至柜房里间，移时众学生复行赶至，瞥见章公使在我柜房内，遂有多数学生越柜进内，将章公使揪至门口殴打，后经巡警及保安队等劝解，遂觅得洋车一辆，不知将章公使拉往何处。[24]

后来的回忆称，章宗祥躲在店里黑暗屋子的炕上用被子（也有说用夹大衣）蒙着头，中江丑吉则"把门而立"，"说日本腔的中国话，这是我的朋友，你们要打即打我，我不怕！"中江虽是个"高胖子",但学生足有二十来人,直入店里,二话没说,直接揪人,中江想拦也拦不了。曹家仆人李福是目击者,他后来在笔录中说:"我只瞧见学生们拉章公使的腿拖了出来门外打","用砖头打章公使的脑袋"。学生发现这杂货店里有很多鸡蛋,又是一阵"蛋砸"。参与当时"战斗"的杨明轩说:

>但见一个做豆腐的房子,那个日本坏蛋恶狠狠地站在门首,但是并没有章宗祥的踪影,大家正在纳闷的时候,忽然看见屋内炕上的被子动了一下,同学们进去一挑,原来正是章宗祥躲在里边,大家把他拉了出来,拳打脚踢。那个日本坏蛋尽力掩护章贼,甚至用他的身子挡住我们的拳脚。我们恨透这个日本坏蛋,但是在当时的具体情况和认识水平之下,还不便直接狠狠地揍他,怕引起所谓外交事件,于是有些同学用在这个豆腐房找到的鸡蛋向他打去。只打得那个坏家伙满身是蛋黄,犹如刚从粪坑里爬出来一样。就是这样,他仍然不离开章贼,我实在恼恨已极,忍无可忍,就上前扯开他,并且和他扭打在一起,在地上滚来滚去。

蛋砸章宗祥之一幕有很多人提及,范云回忆称:"愤怒的群众又从杂货铺里找出许多鸡蛋,对准这个卖国贼打去,溅得他满脸都是鸡蛋汁。"邵延焘称,"这时章宗祥被学生掷得面上流血,又满脸沾着蛋黄、蛋白,卖国贼的嘴脸红白交杂难看之至"。初大告的回忆中还说学生将店里的货物,鸡蛋包括青菜萝卜都当成武器,"扔了他满身,涂上黄、红、绿各种颜色,煞是狼狈"。

不过,匡互生说学生砸向章宗祥的是"皮蛋":

>后来却被另一批搜寻曹章的人在一间皮蛋店里面的一间

黑屋的床上又把曾经被打装死的人搜寻出来，大家就拉住他两只脚从那间黑暗屋里倒着拖到皮蛋店的门口，同声地问他是什么人，他总是绝对地不作声，大家耐不过，就各用那手中所持长不满尺的小旗杆向着他的面孔上乱打横敲，而那些手中没有武器的学生就只得权借皮蛋作武器向被打的人的头上打中了几十百把个皮蛋，于是死不作声的被打的头上只见满面的鲜血和那塞满了耳目口鼻的皮蛋汁了，不过同时却有一个真正的日本人负重伤出死力替他保护，大家因此颇怀疑那被打的人是日本人，所以不曾把他打死。

不管是鸡蛋还是皮蛋，倘没有那个叫中江丑吉的日本人全力保护，章公使是死是活，恐怕还真说不准了。

随后，受伤的章宗祥被巡警送往日华同仁医院，当时报上云："据闻章氏到医院时，神识昏迷，不省人事，医谓其流血过多，势颇险恶，未知确否。"当天，曹汝霖即到同仁医院探视章宗祥，"见仲和面色苍白，闭目而睡，状很疲惫狼狈，我没有惊动他。医生告我，他全身共受伤大小五十六处，幸没中要害，后脑震动，故致晕倒，等静养两三天后再看"。

五四当天，日华同仁医院外科主治医生平山远出具的章宗祥诊断书显示了章的伤势："头部挫创、全身扑打伤兼脑震荡。"诊断书如下：

> 现症：在头部颅顶部创伤一处，长约五厘米，深达骨膜，又有不整齐斜伤三处及小挫伤三处，在头部有横斜小裂伤二处及皮下出血肿瘤二个，又在左右耳翼有大小二处之破裂创伤，其他左右肩胛部、脊部、胸部、腹部、腰部及上下肢有大如手

掌以至小如铜圆之打扑伤共二十一处,精神朦胧,应答不明,时发哼声,呼吸细微,稍切迫,脉稍频,数虽尚整调,然微弱也。胸、腹腔脏器不见变动,周身尚无骨折症状。豫后综观前记症状,现今伤势颇重,于今日非见其脑症状之经过如何,不能判定将来也。[25]

可见其在挨打过程中,倒不全是在"装死"。

"最好我们到检厅自首,判什么罪,情愿领受"

五四当日,曹宅被焚毁屋十一间,章氏被殴至脑震荡,可谓是搞出了"大事情"。然而,对于这日学生在曹宅的放火殴章行为,报上绝大多数舆论并没有因此对学生有所谴责、对章本人表示同情,普遍的看法是,学生当日行动虽有过激之处,但动机纯洁,情有可原。

第二天的《晨报》便云:"学生举动诚不免有过激之处,但此事动机出于外交问题,与寻常骚扰不同,群众集合往往有逸轨之事,此在东西各国数见不鲜,政府宜有特别眼光为平情近理之处置,一面努力外交巩固国权,谋根本上之解决,则原因即去,必不至再生问题矣。"有人说,这都是愤极而为,可以理解,若以此来谴责学生,"似近于苛"。在上海正在进行南北和谈的代表也一致为学生说话。南方代表唐绍仪在给徐世昌总统的电文中称:"窃意学生纯本爱国热诚,胸无党见,手无寸铁,即有过举,亦可原情。"而北方代表朱启钤在给钱能训总理的电文中也称:"各校学生,本系青年,忽为爱国思潮所鼓荡,致有逾越常轨之行为,血气戾事,其情可悯。"

我们常以今天"局外人"的身份和立场来看学生的行为,似乎难以理解，但倘置身当时情形中，恐怕我们也会有这样的行为。1919年5月18日，远在江西弋阳的二十岁的方志敏这样描述他们的痛切和愤激心理："朋友，确实的，在这个时候，如果真有一个日本强盗或是曹、章等卖国贼的那［哪］一个站在我们面前，那［哪］怕不会被我们一下打成肉饼！"毕竟与"卖国贼"的房产之毁和皮肉之苦相比，中国外交失败带给人们的刺激和痛苦更大、更强烈。

这也并不是说，当时人们对五四当天发生的"暴力事件"就没有不同意见的。一部分人认为，学生行为"合情但不合法"。

五四参加者陶希圣回忆说，五四第二天即5月5日，在第一堂宪法课上，老师钟赓言先生"说着哭了起来，学生也哭了，课没上就下课"。第二堂刑法课老师张孝簃先生是当时总检查厅的检查官，学生问他昨天的事情在法律上合不合法，"他说他是现任的法官不能说话，大家一直央着他：'可是您是教授，我们是您的学生啊！'于是他低沉着声音说了八个字'法无可恕，情有可原。'流下了泪，再也说不出第二句就走了"。

当时亦有日本帝国大学吉野教授抱有类似的立场，即：同情其精神，反感其行为。他称，此次事件不同于以往的事件，"纯然为自发的"，"其结果非单纯的排日，彼等之主张，乃在除去国内的祸根。惜乎彼等之手段，颇极狂暴，而未尽文明，此则不能不遗憾焉耳"。他对"学生之手段，始终抱一反感，而于其奋起之精神，则最表同情"。毛子水当年也是学生游行队伍中的一员，他说："我觉得做得有点过火了。还没有法律定罪的事，怎么可以先诉诸武力？后来听说人没有被打死，心里也就放宽一点了。"

素来特立独行的北大老师梁漱溟给当时的舆论界出了一个不大

不小的难题,他从法而不是从情的角度来看学生当日的暴力行为。梁在《国民公报》发文说,学生所作所为是"违法"的,并呼吁学生投案自首,他说:

> 我愿学生事件付法庭办理,愿意检厅去提起公诉,审厅去审理评判,学生去遵判服罪。检厅如果因人多,检查的不清楚,不好办理,我们尽可一一自首,就是情愿牺牲。因为,如不如此,我们所失的更大。在道理上讲,打伤人是现行犯,是无可讳的。纵然曹、章罪大恶极,在罪名未成立时,他仍有他的自由。我们纵然是爱国急公的行为,也不能侵犯他,加暴行于他。既然是国民公众的举动,也不能横行,不管不顾,绝不能说我们所作的都对,就犯法也可以。

学生自首,岂能无罪?他又设想,学生认罪后,麻烦总统予以特赦,这样,既可使学生免受委屈,又能顾全法律,两全其美。然而,他还是觉得这样做不妥,认为学生还是甘心伏罪才对:"最好我们到检厅自首,判什么罪,情愿领受。那真是无上荣誉,绝好榜样,可以永远纪念的。"梁呼吁学生自首之论甫出,自然而然地立即引起众多关于这一事件的法律问题的争论,或者说批驳。

总的来说,就学生过激行为的法律问题,反对梁漱溟的意见者居多,论证各各不同,理由千奇百怪,但大体上多为学生辩护,从当时的这些辩护中也可以看出时人对法律的认识和态度。

要使学生在舆论上和事实上免除法律之责,有些人瞄向了法律本身,也就是说,不是学生有问题,而是法律有问题,现在的法律是"过时的"、不合适的、维持旧秩序的,那么,这样的法律就没有遵守的必要了。

俞颂华发表《北京学生之表示与法律本位之受迁》一文，认为，法律之最终目的是"保护与促进社会生活之利益"，而法律的根本目的随着社会发展经历了三个阶段："在个人犹未自觉之时，法律以义务为本位，在个人既自觉之时，法律由义务本位而进于权利本位，再进社会自觉时代，法律遂离权利之本位而以社会为本位矣。"今天，欧西法律已进到第三阶段，中国虽瞠乎其后，但从这次事件可以看出，中国也有社会自觉之萌芽，那么，"愿国民勿以义务本位古陋之法律思想，判断北京学生此次之功罪。彼北京学生，对曹、章之行为，以法律之形式揆，或未尽合，然以法律之实质论，非但无背于法律之精神，且为促进法律本位之元勋，此国人之所宜深察者也"。依据此论，学生有罪是针对现在的"义务本位之法"而言的，倘以更高级的、更先进的"社会本位之法"来衡量，学生非但无罪，反而有功。

顾孟余在《一九一九年五月四日北京学生之示威运动与国民之精神的潮流》一文中说，当一国之生存或重要的利益有危险时，旧秩序不能维持保护的时候，"于是此旧秩序与法律毫无存在之价值，社会之份子，得人人自由用其腕臂之力，以从事建设新秩序，且排除其阻碍，此乃国民最高的义务。此次示威运动中之关于警律及民法之各问题，皆当以上称之原则评判之"。在此种情形下，旧秩序的法律自然就没有遵循的必要了。

学生是正义的代表，似乎只要在正义的名目下，所作所为皆可不受法律约束，蓝公武以西国为例说，"近代文明的国家的法律，公众制裁个人的举动，在法律上并不是不容许的"。倘强以法律为尺度的话，法律就是"反正义"，因此学生也便没有服从法律的必要。类似这样的立论比较普遍。《晨报》发表评论称："我们人类现在既已承认学生运动是合乎正义的，国家和法律也应该跟着我们人类往一条路上走。那些道德上承认，法律上不承认的话，是野蛮时代的法律，专以维持秩序作目的的。"因此，"我们要到正义门前去自首，不要到强权武力门前去自首。我们要服从正义的裁判，我们决不甘心强权武力的裁判"。如果国家和法律不许人保全他自己的国家，不许人讲公理，不许人谈正义，就应该不要它就是了。

另有一些人承认法律存在之必要，但如何理解法律、运用法律却是另一回事了。也就是说，对于法律，不能不加以分析而刻板严守。这些看法中，由于为学生辩护心切，往往纰漏甚多，今天看来，有的说法就显得很是"可爱"。

高一涵在《市民运动的研究》中认为学生行为是一种"正当防卫"，正当防卫的情况下，泥守法律显然是不适当的。他说，"若抱定目的，把人侵占我们的政权拿回来，让我们自己来做，这就叫自治。若不准政府独断，要让我们公众裁夺，这就叫做自决。这回北京的市民运动并不单是自治自决。简直可以说是自卫。譬如，我家仆人把我的财产偷送给强盗，我知道大祸将临，就应该行使我的正当防卫权。行使正当防卫的时候，就（是）侵犯人家自由，毁坏人家对象，在法律上并不负赔偿的责任。因为急于自卫，就是不取合法的手续，也不能责备他。照这个原理推起来，警察厅拘留殴打卖国贼的市民，实在是不懂得自卫的道理了"。高一涵的"正当防卫论"颇合乎情理，但这样的前提是曹、陆、章等人的确是出卖国家利益者，而世人皆曰此三人是"卖国贼"。这在当时是无须论证的，也无须怀疑的。

也有人称当局这次能释放学生，乃是"法律能活用"的原因，因为法律只是促进保障国家群众的福利的手段和方法，"故其方法，有时不适于得福利之目的者，则改其方法可也"，"有时或竟反其目的，将得不利不福之结果，则避之不用亦可也。"在欧西，有严格遵守法律的传统，那是暴君贵族统治无视法律，践踏平民太甚之缘故，而在中国则不同，无此恶因，故亦不必恪守法律。这是《活法律与死法律》一文之观点。

更为有趣的是，有人称，判断一个人是否犯刑事罪，当以意思、行为、结果三要素为据，这三者之中，以意思为前提。陆才甫在《学生无罪》一文中称，"凡非故意之行为不为罪，此为暂行刑律明文所规定者"，法律是制裁恶人的，"是以法庭对于有恶性之人，虽其行为结果未至实现，然因其已有犯罪之意思，即当科以未遂罪之责任。其人若为无恶性者，且未有犯罪之意思，则虽其行为结果已犯刑法上规定之条文，仍不应以为罪也。此为治法学者所公认"。只要有犯罪的意识，即使没有行为及后果，就是"坏人"，就应当制裁；即使违反法规，但主观上没有犯罪意识，仍是"好人"，仍应放过。以此标准来判断是否违法，就不是以"事实"为依据，而是以"动机"为依据，那么，你又如何能判断一个人的动机是善是恶？在他这样的法律标准下，学生的行为，虽说"行动稍轶于范围，然其居心之光明磊落，可以质诸天地鬼神而无愧"。

梁漱溟提出学生行为的法律问题，或有合法之处，但在当时却不合情理；而反驳梁者的立论多少都有问题，但却合乎当时的情理。

问题是，缘何以匡互生为首的一批高师学生事先会谋划此种过激行为？这与五四前夕在青年学生中流行的有激烈倾向的一批秘密刊物和一些学生社团有关。

五四时期,《新青年》《新潮》《每周评论》等杂志在青年学生中甚为流行,且影响甚大,但我们往往会忽视,当时还有一批秘密的、"刺激性更强"的流行刊物,如《自由录》《进化》《民生》等杂志对青年的影响亦不小。而在北京高等师范学校还存在几个"抱着激烈的主张"的学生组织,如同言社、工学会,以及包括有该校学生参与的共学会。这些刊物和社团往往更加认同无政府主义,在一个政府软弱、国家衰败的环境中,无政府主义对激烈行动的鼓吹迎合了当时苦闷的中国青年的心理,对当时的青年是有很大的吸引力的。在列强自私贪婪、政府无能软弱、青岛几将不保的情形下,这批思想激进的青年学生决定采取激烈行动也不是不可以理解的。

　　试想,如果没有高师那批学生的"过激行为",就不会有三十余名学生被捕的后事,也不会有后来学生的总罢课,更不会有工商界的罢工、罢市的支持,甚至不一定会有在巴黎和会上的拒绝签字。

　　1919年9月24日,蒋介石在日记中对五四这样评价道:"至今尚有各界代表群集总统府门前,要求力争山东各权利及各处排日风潮,皆未稍息。此乃中国国民第一次之示威运动,可谓破天荒之壮举。吾于是卜吾国民气未馁,民心不死,中华民国当有复兴之一日也。"五四这天的学生运动给日后登上中国历史舞台的蒋介石以鼓舞,民心不死,他从中看到了中华民族复兴的希望。

　　通过对1919年5月4日那天的数个细节的分析,我们可以看出,五四当日的气象条件和假日因素在一定程度上影响着当时事态的发展；五四时期"人人喊打"，一致声讨的曹、陆、章的"卖国贼"身份其实是值得商榷的；五四事件中军警的表现是可圈可点的；五四游行中，北大的傅斯年、罗家伦等人和北高师的匡互生等人先后主导了当日的"文戏"和"武戏"。

注释：

[1]《补纪北京学界示威以前筹备之情形》，王学珍、郭建荣主编：《北京大学史料》第2卷（下），北京大学出版社2000年版，第2811页。

[2] 陈其樵遗作，陈燕校注：《七十年前"五四"参加者的日记——一个当时北京高师学生亲笔留下的见证》，《传记文学》第45卷第6期，第121页。

[3]《山东问题之日益扩大》，《益世报》1919年5月5日，第2版。杨亮功先生云，这白旗曾误投他户，"及抵曹氏宅附近，见有某姓小洋房，误以为曹宅，群以白旗掷其屋上。既而警吏某亟白其冤谓：离此不远有宽敞之大绿门（按，有云黑门，也有云朱门，可见要澄清一个细节之难）乃真曹宅。"（杨亮功、蔡晓舟：《五四》，台北：传记文学出版社1982年版，第21页）

[4][10] 郑揆一：《追忆陆徵祥神父——并记与二十一条有关的一席话》，《传记文学》第74卷第6期，第83页。

[5] 曹汝霖：《曹汝霖一生之回忆》，台北：传记文学出版社1970年版，前言第1页。

[6][美] 费正清、费维恺编，杨品泉等译：《剑桥中华民国史：1912—1949年》下卷，中国社会科学出版社1998年版，第1113—1117页。

[7] 民初时期文献编辑小组编辑：《中华民国建国文献：民初时期文献》第一辑史料一，台北："国史馆"1997年版，第708页。

[8] 只眼：《对日外交的根本罪恶》，《每周评论》1919年5月11日，第4版。

[9] 王启勋：《我所知道的陆宗舆》，上海市政协文史资料委员会编：《上海文史资料存稿汇编》第1册，上海古籍出版社2001年版，第368页。

[11] 蔡东藩：《民国通俗演义》第6册，上海会文堂新记书局1935年（改版后）三版，第656页。

[12] 杨亮功、蔡晓舟：《五四》，第10页。

[13]《山东问题中之学生界行动》，《晨报》1919年5月5日，第2版。

[14] 田炯锦：《"五四"的回忆与平议——读本刊〈五四运动五十周年纪念特辑〉后作》，《传记文学》第15卷第3期，第45页。

[15]《内左一区警察署报告北大学生刘仁静、张国焘等贩卖国货不服制止》（1919年6月2日），北京市档案馆编：《档案中的北京五四》，新华出版社2009年

版，第 87—88 页。
[16] 徐铸成：《曹、章、陆》，《旧闻杂忆》，生活·读书·新知三联书店 1980 年版，第 87 页。
[17] 大中华国民：《章宗祥》，爱国社 1919 年再版，第 62—63 页。
[18] 李静庭：《我所知道的曹汝霖》，中国人民政治协商会议全国委员会文史和学习委员会编：《文史资料选辑》第 20 辑，中国文史出版社 1990 年版，第 65—66 页。
[19] 陶希圣：《潮流与点滴》，台北：传记文学出版社 1979 年版，第 41 页。
[20] 罗家伦口述，马星野记录：《蔡元培时代的北京大学与五四运动》，《传记文学》第 54 卷第 5 期，第 18 页。
[21] 《京师地方检察厅检察官关于章宗祥被打曹宅被毁情形的报告》(1919 年 5 月 5 日)，北京市档案馆编：《档案中的北京五四》，第 20 页。
[22] 周予同回忆说是匡一拳击破玻璃窗，当天傍晚回学校时，"我在学生洗脸室碰到他（按，指匡互生），看见他的手上流着鲜红的血。就问他是怎么回事，他说是敲玻璃窗敲破的。"（周予同：《五四回忆片断》，中国社科院近代史研究所编：《五四运动回忆录（上）》，中国社会科学出版社 1979 年版，第 267 页）匡手破流血的事陶希圣也曾提到："有一位白色学生装的高师学生，满手是血，因为他进了曹宅之后，用手打破客厅的玻璃门，受了伤。"不过他说匡击的是客厅的玻璃门。（陶希圣：《潮流与点滴》，第 40 页）
[23] 也有人说是章拿出名片自报家门，"那个官员见众人进来，便掏出一张名片，上面写着'驻日本全权公使章宗祥'十个字，给大家看。有人喊一声，我们所要找的正是他，于是大家一［异］口同音喊：'打，打。'大家一齐动手把章宗祥打一顿，打他个半死。"（金毓黻：《五四运动琐记》，中国社科院近代史研究所编：《五四运动回忆录（上）》，第 330 页）
[24] 《司法警察巡长赵惠全报告京师地方审判厅调查章宗祥被打情形》(1919 年 6 月 23 日)，北京市档案馆编：《档案中的北京五四》，第 34—35 页。
[25] 《关于火烧曹宅痛打章宗祥的调查》，《北京档案史料》1986 年第 2 期，第 15 页。

图片选自《上海泼克》

"我同胞处此大地,有此山河,岂能目睹此强暴之欺凌我、压迫我、奴隶我、牛马我而不作万死一生之呼救乎。"(《五日各街市之宣言书·其一》,《民国日报》1919年5月8日,第2版)图为沈泊尘的漫画《山东·青岛》。

参与中日"辱国外交"的曹、陆、章成为人人欲除之而后快的"替罪羊"。"佛无神通,而金刚神通广大;佛无法力,而金刚法力无边,且能假借佛门护法之名,以行其害世病人之术。吾国俗谚,以金刚为风调雨顺四大天王,长剑一挥,风雷倏至;琵琶一震,水火交攻;雨盖遮天,尽掩众人之耳目;虺蛇出手,全吞国内之人民。今日之四大天王,盖有似乎此矣。挟天子以令诸侯,欺菩萨以殉私利。地盘既稳,诡计尤高。非特可以常立于山门之。"图为漫画《金刚怒目》。

图片选自《上海泼克》

福州路华英大药房门口粘贴有二十八字云："可恨当年青龙刀,华容道上未斩曹,而今留下奸雄种,拍卖中原害同胞。"某校书近感时局,口占一联云："三鸟害人鸦雀鸨,一群误国鹿獐蟛。"(海上闲人:《上海罢市实录》,公义社1919年版)

图片选自《益世报》1919年6月17日,第10版

图片选自《人民画报》1974 年 5 月

五四当日，学生"个个手持白旗"，这支游行队伍同时也是一支为"卖国贼出丧"的"出丧队伍"。队伍前面高举的那副著名对联（"卖国求荣，早知曹瞒遗种碑无字；倾心媚外，不期章惇余孽死有头"）正是一副挽联。图为学生游行之情形。

图片选自《传记文学》第 10 卷第 2 期

五四当日是星期天,美使芮恩施去门头沟旅行了,前往使馆请愿的学生情绪没能得到宣泄,有人就说:"难道就这样回学校吗?"图为芮恩施四十九岁照片。

"他们打开抽屉,像在检查信件,一时没有做声。后又倾箱倒箧,将一点首饰等类,用脚踩踏。"(曹汝霖:《曹汝霖一生之回忆》,台北:传记文学出版社1970年版)图为时任北洋政府交通总长兼财政部长的曹汝霖。

图片选自曹汝霖:《曹汝霖一生之回忆》

现大理院院长
章宗祥

图片选自《司法公报》1912年第1年第2期

有一生以砖头击章首,血流被面,又有一生,用铁杆向他后脑打了一下,章即倒地。北京日华同仁医院外科主治医生平山远出具的章宗祥伤势证明显示,其"头部挫创、全身扑打伤兼脑震荡"。图为时任大理院院长的章宗祥像。

五四当日被捕者共有 32 人。随后,梁漱溟在《国民公报》撰文称:"在道理上讲,打伤人是现行犯,是无可讳的。纵然曹、章罪大恶极,在罪名未成立时,他仍有他的自由。"(梁漱溟:《论学生事件》,《每周评论·特别附录》1919 年 5 月 18 日,第 2 版)图为被学生焚毁后的曹宅及被捣毁的家具。

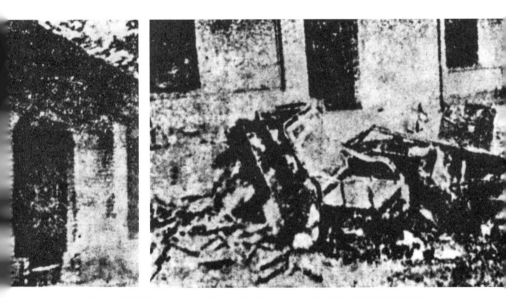

图片选自中国历史博物馆编:《中国近代史参考图录》(下),上海教育出版社 1984 年版

图片选自《晨报》1919年5月7日,第1版

"五七"国耻纪念日,全国各地纷纷召开国民大会,以纪念1915年的"二十一条"压迫之耻,并声援被捕学生。

5月8日,徐世昌总统下达挽曹令。令云:"该总长从政有年,体国公诚,为本大总统所深识。流言诋毁,致酿事端,驯至毁屋殴人,扰害秩序。该总长因公受累,实疚于怀。业经明令将当场逮捕滋事各生及疏于防护人员,分别惩办。时艰孔亟,倚畀方殷,务以国家为重,照常供职,共济艰难。所请应毋庸议。"图为徐世昌像。

图片选自班鹏志:《接收青岛纪念写真》,商务印书馆1924年版

图片选自《国耻》1920 年第 2 期

5月19日,为抗议政府严令学生不得参与政治活动,学生宣布全体罢课。罢课期间,组织护鲁义勇队、十人团、讲演团并刊印《五七日刊》。

北京学生联合会议决从6月3日起,各校学生分三天分批外出演讲。"又该团第十六团,在天桥讲演时,有英国人表示钦佩,并以手携照相器摄影数次而去。"图为北大学生在街头讲演时军警上前干涉的情景。

图片为 Sidney D. Gamble 摄,选自 Jonathan D. Spence, *The Search for Modern China*. W. W. Norton & Company, 1991

图片选自北京大学"五四运动"画册编辑小组:《五四运动》,文物出版社 1959 年版

6月3日,军警奉命搜捕四处演讲"煽动群众"的学生。

6月4日,军警"却只极力苦劝(甚至于有跪地哀求的)学生们不要再出外演讲,绝对地不再捕人了"。

图片选自《益世报》1919年6月10日,第10版

"步军统领王怀庆,派兵当场捕获学生一千余人,均押送大学校法科囚禁,并派兵在法科门前扎列营盘,严厉守护。"(《大捕学生之骇闻》,《益世报》1919年6月4日,第2版)图为学生被暂时囚禁在北京大学,军警围困看守之情形。

图片选自《传记文学》1979年第34卷第5期

图片选自 Jonathan D. Spence, *The Search for Modern China*

"大好河山,任人宰割。稍有人心,谁无义愤。彼莘莘学子,激于爱国热忱,而奔走呼号,前仆后继,以草击钟,以卵投石,既非争权利热中,又非为结党要誉。其心可悯,其志可嘉,其情更可有原。纵使语言过激,亦须遵照我大总统剀切晓谕四字竭力维持。如必以直言者为有罪,讲演者被逮捕,则是扬汤止沸,势必全国骚然。"(《吴佩孚等要求释放学生公布外交始末电》,1919年6月9日)图为吴佩孚像。

1919年6月5日至12日,上海进行为期八天的罢市。图为罢市后之南京路。

图片选自中国历史博物馆编:《中国近代史参考图录》(下)

图片选自海上闲人:《上海罢市实录》

"昨日特组游行队,约有三百余人,臂缠白布,上写'幸勿暴动'字样,手执同一词句之警告旗,游行南市城内民国路一带。"(海上闲人:《上海罢市实录》,上海公义社1919年版)图为上海罢市时的标语及维持秩序之情形。

"邑庙前某广货铺玻璃窗上，有粉笔画元绪公肖象，旁书十八字云：'进日货亦是他，卖日货变做他，买日货不如他。'"（海上闲人：《上海罢市实录》）图为寓意丰富的香烟广告。

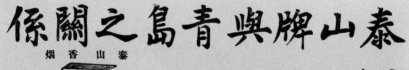

上图选自《益世报》1919年6月21日，第2版；下图选自《申报》1919年5月22日，第14版

图片选自《民国日报》1919年6月4日，第12版

一些商人积极抵制日货，但也有部分商人出于利益考量不愿抵制日货。"跪哭团团员们，都身穿白孝服，手拿哭丧棒，到那些顽固奸商家里去，揭发他们偷贩日货的勾当，劝阻他们拿出良心来不卖日货。"图为报上刊登的抵制日货的漫画。

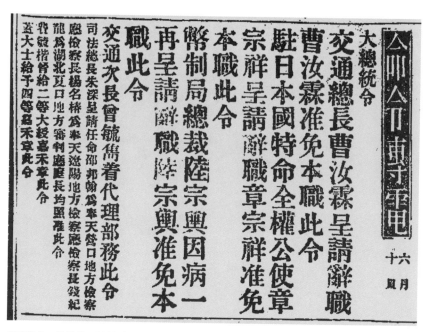

图片选自《益世报》1919年6月11日,第2版

迫于全国奋起、局势失控的压力,6月10日,徐世昌不得已下曹、陆、章免职令。图为报载的三人免职令。

"五四运动"是一场从"学生运动"("五四")发展成"民众运动"("六三")的运动。这才是其最终迫使政府让步的关键所在。图为马星驰的漫画《民气一致之效果》。

图片选自海上闲人：《上海罢市实录》

图片选自应懿凝：《欧游日记》，中华书局1936年版

1919年6月28日，对德和约签字仪式在凡尔赛宫的镜厅举行，中国代表缺席，拒绝签字。"我暗自想象着和会闭幕典礼的盛况，想象着当出席和会的代表们看到为中国全权代表留着的两把座椅上一直空荡无人时，将会怎样地惊异、激动。这对我、对代表团全体、对中国都是一个难忘的日子。"（顾维钧遗稿：《巴黎和会的历史真相》（下），《传记文学》第75卷第2期）图为凡尔赛和约签字的桌子。

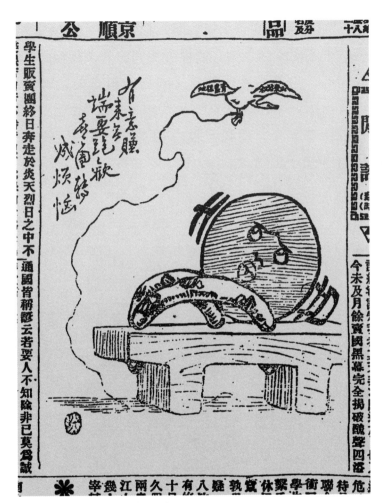

图片选自《益世报》1919年7月8日，第10版

　　巴黎和会上，中国在强力压迫之下并未屈服，这使得日本的如意算盘落空，亦为在1921年11月召开的华盛顿会议上解决山东问题留有余地。图为描绘日本在和会上的尴尬处境的漫画。

"此事距今四十余年,回想起来,于己于人,亦有好处。虽然于不明不白之中,牺牲了我们三人,却唤起了多数人的爱国心,总算得到代价。又闻与此事有关之青年,因此机缘,出国留学,为国家成就人才。在我呢,因之脱离政界,得以侍奉老亲,还我初服。"图为八十九岁高龄的曹汝霖,1964年摄于美国。

图片选自曹汝霖:《曹汝霖一生之回忆》

巴黎五四

"五四运动"因1919年5月4日北京学生火烧赵家楼、殴击章宗祥而名垂青史。而这一切皆因巴黎和会外交失败所引起。巴黎和会才是五四运动的导火索，曹、陆、章只是巴黎和会外交失败的"替罪羊"和国人的"出气筒"。五四运动中，在国内，学生、民众向政府抗议施压，身居"内除国贼"之第一线；而在巴黎，中国代表团折冲樽俎，中国留学生、工人就近监督，身处"外抗强权"之第一线。

　　笔者曾于2014年7月初至2015年1月底，在巴黎闲居二百余日，无所事事，终日晃荡，于是，"按文索骥"，尝试找寻在巴黎的"五四"遗迹，并现场踏访，抚今怀昔。

博迪古公园：捐躯

　　巴黎华人聚集较多的十三区的博迪古公园（Jardin Baudricourt）只是一个普通的街心公园，不大，无趣，而且离地铁站有一些距离，不方便到达。

　　在公园一角，有一方石碑，表面粗糙（大凡战争纪念，多用粗糙石头，以象征战争之严酷），形状不规则，左上方刻有两排中文金字:"纪念在第一次世界大战中为法国捐躯的中国劳工和战士 2.11.1998 立",下面是法文金字:"A LA MEMOIRE DES TRAVAILLEURS ET COMBATTANTS CHINOIS MORTS POUR LA FRANCE PENDANT LA GRANDE GUERRE 1914-1918"。中文、法文文意相同,文字都刻在浮起的碑石上。石碑基座是用乳白色的瓷砖砌成,无论是材质还是色彩,都显得不十分协调,就好像一个穿西装的人脚上穿了一双运动鞋一样。

是为第一次世界大战华工纪念碑。这是当地政府和在法华人于1998年一战胜利80周年之际,为那些在一战中不远万里前赴欧洲协助战争的华工建立的纪念碑。

眼前的这方纪念碑,似乎更像是一座墓碑。是的,在法国诺埃尔的"华工墓园"里的一块块墓碑不正是这样吗?在那些命殒异乡的华工的墓碑上,刻着"勇往直前""鞠躬尽瘁""流芳百世""虽死犹生"等汉字。其实,任取这其中四字原形,刻于此纪念碑上,都可以说是对他们的牺牲和贡献的恰当的褒扬。

既有"劳工",更有"战士"

中国之所以有资格参加巴黎和会,是因为中国加入了协约国战团,而中国对欧战最大的贡献,正是那些赴欧洲战场的十三万六百七十八名青壮华工,虽然他们的贡献长期以来为欧人所无视,亦为我们所无视。

一战爆发不久,1915年,梁士诒就提出"以工代兵"的设想,然而,当时中国在日本的凌逼下,可谓是"泥菩萨过河,自身难保",还要"抗德援法","简直是天方夜谭"(英驻华公使朱尔典语)。可是,大战一开,双方都铆足了劲,大打出手,欧洲人力急剧减损。战争不只是需要有人在前线流血冲锋,而且还需要有人在后方流汗劳动。在人力吃紧的情形下,中国华工的重要性和必要性就显现出来。由于中国还保持中立,英法和中国开始以"私对私"的名义招募华工。待到1917年8月14日,中国对德宣战,正式加入协约国战团,华工支持协约国就成为名正言顺的事了。

欧战中,总共有多少华工被派赴欧洲?一般说法是有14万余。巴黎和会中,中国代表团提供大会的说贴中给出了一个精确到个位的数字,即130 678人,这个精确数字并不是每个人都注意到。

然而,华工的贡献为何?华工居战争后方,为战争服务,在工厂造枪弹,在车站码头装卸货物、挖战壕等,他们以中国人固有的朴实温和、吃苦耐劳的品性,赢得法国人的欢迎和尊敬。他们虽非战斗人员,但战争轰炸、敌人攻击,让很多华工客死他乡。中国代表团递交大会的《废除一九一五年中日协定说帖》中这样说道:"在战争时期内,华工之应募工作于法国北部战线后方者,其数达十三万六百七十八人,华工之以敌人之军事行动而惨遭死伤者,数至不鲜。当英军在美索波达米亚及德属东非行动时,华工之应募调用者亦夥。又,英国多数军舰之船员,亦多以中国水手组成之。"

至于欧战中有多少华工命丧异乡,根据统计,"在第一次世界大战期间死在欧洲的华工至少有4 000人"。加上赴法航行途中遭德国潜艇袭击致死700多人,总共在欧战中"大约有5 000个华工在赴欧途中或者在法国工作期间死去"。这还不包括在英国兵舰上服役的战死的水手,一说是448人,一说是863人[1]。

由于华工多不识字，几乎没有留下什么"口述实录"，人们对华工在欧洲的工作情形不甚了解。1931年赴欧考察的吉鸿昌，在巴黎就听到华工扫除战壕时的惨状："据云：在欧战时，法国常以扫除战壕（nettoyeur des trancheés）之名义，勒令华工开往前线，因而死亡者，以数万计。所谓扫除战壕者，即敌军退却后，先派一小部分人前往，任清除责任。倘遇壕内伏有敌兵，即被牺牲矣。此种任务，法兵皆不肯为，而以黑人及我华工充之。法人真狡而惨哉！"从中既可见到华工处境之危险，亦可见到法人之狡黠。吉鸿昌愤愤地说，"休夸华工功高，实际全是猪仔"[2]。

我们注意到博迪古公园里的华工纪念碑上刻的是"为法国捐躯的中国劳工和战士"，这里不光有"劳工"，而且有"战士"。华工多在后方或危险的前线从事非战斗任务，但是华工也有"实际参加作战，辅助战事之进行者"。前面所提中国提交和会的说贴中就云，"英国多数军舰之船员，亦多以中国水手组成之"，且有数百人之重大伤亡。

当时，还流传有华工与德人英勇作战的故事：

> 法国北部之毕卡第（Picardie）为欧战主要战场之一，一九一七年德军一度冲入阵线，此时法兵已退，仓猝间华工取出平日作工之十字镐、圆锹等工具与德军进行肉搏战，直到援军赶到为止。又同一毕卡第战役中，一位带领华工队之英军官因身中毒气不能动弹，为突然进击之德军所俘，华工竟围绕该军官，奋不顾身地与德军作殊死斗。该军官终因援军抵达而获救，而华工亦几乎全体殉难。因此，获救之军官叹道："我能保住性命，全拜华工之赐！"……此外尚有华人飞行家飞入敌人战线，与敌机作战，获颁法军之奖牌。来自直隶的华工王玉

山（译音）于一九一九年六月六日以机智扑灭一军火供应站的火灾，而荣获英军颁发的"功勋服务奖章"（Meritorious Service Medal）。以上为华工于危急时，所显示出之勇敢表现；华工虽非职业军人，但其大勇表现，较之职业军人并无丝毫逊色！[3]

可见，华工虽不负参战之任务，但有时也"不得不"作战。

至于上面所提的王玉山（Wang Yu-shan）扑火之事迹，官方是这样报道的："1919年6月6日，在马克宁（Marcoing）附近，王玉山发现在当地一个集结站的军火库旁边发生火灾。他毫不犹豫地携带两桶水飞驰火灾现场进行灭火。他当时捡起一个正在燃烧的英国'P'型炸弹，并把它扔到安全的地方。他奋不顾身地扑灭火焰，当时烈火已经燃烧到放置枪榴弹和德国炮弹的草地周围。王玉山不顾个人安危，凭着机智和勇敢使这场本来可能酿成一次严重爆炸的事故得以平息。"

华工的勇敢也让自视甚高、但也"常战常败"的法国人刮目相看，福煦将军就在向法国国防部机密报告书中由衷地称赞华工说："华工是第一等工人，亦可成为卓越的团兵，在敌人现代化疯狂炮火下，仍能保持最优良军人的品格，坚定不移。"为此他要求继续招募，甚至建议中国派兵参战。

中国对"一战"没有任何贡献？

不过，等到战争胜利后，在巴黎和会上，英法就看不到近十四万华工所付出的血汗了，也忘了他们当时的感激和赞叹。英国外交大臣贝尔福竟然宣称中国对第一次世界大战没有任何贡献，中国"既没有花费一个先令，也没有损失一兵一卒"。

参加和会时，中国本想和英、美、意、法、日等列强平起平坐，争取五个正式席位，最后却被告知中国只有两个参会名额，陆徵祥因此去质问法外部如此分别对待是基于何项理由，法外部以"以参与战事出力程度为依据"作答。陆徵祥又说："中国加入战团后种种牺牲众所共见，当时中国整备出兵并拟陆续添派华工赴法，此中诚意当为贵政府所亮察，且中国即以土地人民历史关系而言亦应有五员列席，况当与敌宣战互换照会时协商各国均有深愿维持中国国际最高地位等语在案。"（《陆徵祥关于力争全权人数的报告》）对此，顾维钧回忆说："当时获悉，巴西有发言权的代表已由两席增至三席。陆以此为据，在法国外交部进行争辩，强调也应照此对待中国。但是，法国说，中国对协约国方面实际帮助甚少，而巴西海军曾巡弋南大西洋，保护了协约国运军火的船只，对协约国贡献甚大。"[4]可见，在这些人眼中，已经看不到、想不起中国劳工的贡献了。

可是，当初他们怂恿或者说劝说中国参战时，可是"说得比唱得还好听"，真正要求它兑现"维持中国国际最高地位"的宿诺时，他们又不惜"食言"。或许，欧洲对中国劳工如此无视的原因还在于，这些劳工多是欧洲出钱招募而来，即"我出钱，你出力"，这更像一种"交易"，而不是一种"道义"。王正廷就说："大量的中国劳工赴欧参战，他们的效率和勇敢也得到了指挥将军的认可。但可惜的是，这些劳工并非由中国政府直接派出，而是通过其它协约国尤其是英国招募而来。"[5]当然，没有道义，何来生意？在当年教育部为华工编的《侨工须知》中，就告诉华工身上所担负的道义力量："我们中国人作工，向来最能勤苦耐劳，世界各国无不知道，所以从前，无论往那一国去作工，往往被他们的工党排挤，这一面何以这样欢迎呢？就是因为我们政府允许侨工应募，目的不是专为作工，我们侨工，不辞万里，远赴欧洲，目的何等正大，将来回国，光景何等荣耀呢。"[6]

再说，若论为战争出力，日本何尝出过多少力？

一战时，日本以两万优势兵力，对阵防守在青岛要塞的五千二百五十名德国防兵，在这场不对称、小规模的战争中，日本付出了多大牺牲呢？"在陆地战争中，日本死军官十二、士卒三百二十四，伤军官四十，兵士一千一百四十。海上战争，则一小巡洋舰触小雷而沉，船员溺死二百八十人。此外，海军中死伤四十人。"（《废除一九一五年中日协定说贴》）此即日本所自诩的"最大之大胜利"。日本以出兵青岛，其本来所获已丰，然而，尚不知足，更图谋中国。孙中山在五四运动时答日本记者问时就说，"日本今回之令中国参战也，既以此获南洋三群岛以为酬偿矣，乃犹以为未足，而更取山东之权利，是既以中国为猪仔矣，而犹向猪仔本身割取一脔肥肉以自享也，天下忍心害理之事，尚有过此者乎？中国人此回所以痛恨日本深入骨髓者，即在此等之行为也。"[7]以小战斗、微牺牲，不仅获取德治之南洋三岛，而且得以控制山东，甚至伺机制中国于死命。这才是日本贪婪之所在，也是当时中国人痛恨日本的原因。

与之对比，中国付出十数万劳力，却被完全无视，到头来反而连德国在山东的权益都被转移给日本。因此有人当时愤愤地说：既然结局这样，那当初参战做什么？伦敦《泰晤士报》(*The London Times*)这样为中国鸣不平："日本船只从来没有被德国潜艇击沉过。日本护卫驱逐舰在印度洋护航时从未向德国袭击者或其潜艇开火。虽然日本接管了德国在中国的财产，却只是在谋她的私利。简言之，日本实际上对第一次世界大战的'军事贡献'微乎其微，然而她不但得到了战胜者应有的赏赐,而且还指责中国对第一次世界大战没有贡献。尽管中国为战争作出牺牲,但是她却遭到像战败国一样的待遇。这是不公平的。"

"嫁给他一定很好"

战争结束后,华工开始被遣返,但"大约有 3 000 名华工留在法国并最终定居在那里,其中包括 1 850 名与冶金工业重新签约的技术工人。其余华工则在机械部门和航空部门谋到职位"。由于战后法国男丁缺乏,这些留法华工多娶法妇定居,而工厂亦需劳工,厂主极力挽留,加之,在留法华工看来,回国后亦不一定有如此舒适的生活,于是居留法国。然好景不长,到 20 世纪 30 年代欧洲经济危机时,他们多被解雇,失业的华工生活无所着落,食不裹腹。

吉鸿昌在比映古(Billancourt)华工居住区亲眼看到当时失业的华工之悲惨情形:"遇一胡姓,浙籍人也,遂请作向导。初引至一浙江馆,见面黄肌瘦之侨胞约十余,分踞两桌,方作方城戏。余等恐扰其赌兴,复改往一山东馆,则见有多人,或刮山药蛋,或剥葱皮。"经了解后得知,"欧战期间,法国壮丁多赴前线,后方工作乏人承担,法政府乃与我政府约,先后在天津、青岛、南京各处招来华工十五万人,订明合同五年。来后生活尚优裕,加以战后法国男丁缺乏,多数且娶法妇,生子女。及约期届满后,工厂仍挽留,众觉即令回国有工,亦未必如是舒适,遂多允所请,并将原日领馆所预扣作为回国船费之一千佛郎索回。不意近年以来,商务萧条,工厂积货难售,厂主竟食前言,纷纷解雇。稍有储蓄而无室家累者,遂陆续回国,其余尚约千五百人,则只有以廉价求雇或暂时漂流而已"。

不得不留在法国的华工多是已和法妇结婚，已有家室者。战争结束后，由于法国男丁伤亡惨重，"剩女"日见增多，而赴法华工多是青壮男子，与当地过剩的法女结合者，亦不少见。吉鸿昌见到的这拨人中，"此地侨工与法妇结婚后所生子女，尚约三四十"。但究竟有多少这样的跨国婚姻，并无精确记录。

1918年，刚从美国大学毕业的蒋廷黻参加一个去欧洲战场鼓舞士气的志愿组织，他在一家兵工厂为中国劳工开设的俱乐部服务，一天晚上，他遇到一个法国女孩子通过他向一个中国劳工求婚的事。"她问我，她是否可以和一个姓杨（Yang）的工人结婚。我告诉她，我不认识这个人，所以无法提供意见。我问她是否曾经考虑过中国生活习惯有许多地方与法国不同的问题。她说她已经考虑过了。我又问她是否考虑到后果。她说：'如果我呆在法国，我可能永远也结不了婚，即使我能幸运的嫁了人，对方也可能是个莫名其妙的家伙，把赚来的钱都喝了酒，醉后发脾气打我骂我。'我认识杨某已经一年。他从未喝过酒，我认为他永远也不会打我。我想嫁给他一定很好。'"[8]可见，在法女看来，要是嫁不对人，还得面对"家庭暴力"，比较下来，还是中国男人"靠谱"。

如此庞大的华工付出的血汗，不能说为欧战的胜利立下"汗马"之功，但总也可以说为协约国的胜利大厦增添了几块砖石吧。然而，事过境迁，他们不仅被欧洲人遗忘，甚至也为我们所遗忘。每逢一战爆发、结束周年纪念，欧洲人常哀悼自己的战士，纪念胜利的荣光，却无人能记得起那些华工的付出。

迟到的认可

眼前的这块纪念碑正是巴黎十三区政府和华商陈克威、陈克光兄弟于一战结束 80 周年的 1998 年积极促成设立的。

2014 年系一战爆发百年纪念。11 月 11 日是一战胜利日。当日，时任法国总统奥朗德会在凯旋门的无名烈士墓前献花，此处所埋葬着的正是一具在一战中牺牲的无名烈士的骸骨，上燃有长明火。10 时，我赶到凯旋门（l'Arc de Triomphe），在警戒线外遥观。10 时半许，只见凯旋门旁竖起的大屏幕上，显示时任法国总统奥朗德（François Hollande）在大展宫（Le Grand Palais）旁的克里孟梭（Georges Clemenceau）像前献花，这个被称为"老虎"的克里孟梭一战时正是法国总理、陆军总长、巴黎和会议长。其像屹立于巨石之上，着大衣，戴军帽，身材短壮，意气风发，为石旁的花丛围绕，像正前留出一 V 字形空地。后来，我到克氏像前看时，发现从前到后，依次是克里孟梭之友协会、巴黎市政府、法国总统各敬献的一个长条花篮，其中总统所献花篮系红、白、蓝三色鲜花错杂而成。

近 11 时，法国总统驱车来到凯旋门，前有马队开道，司仪一一念出法国新死的兵士的名字，总统献花，奏乐，男兵齐唱《马赛曲》，最后是总统与观礼者一一握手。由于站在警戒线外，所有场景只能在大屏幕上看到。但此种仪式和凯旋门下每天傍晚老兵组织的献花大同小异，我等常常步行至此，时时随众观摩。

当天下午 3 时许，巴黎女市长安妮·伊达尔戈（Anne Hidalgo）在拉雪兹神父公墓（Cimetière du Père-Lachaise）北端的盟国雕塑前一一献花，这些纪念雕塑依次为波兰、美国、希腊、捷克、比利时、意大利、俄国。先是献花，音乐低回，旗低下，默哀，随后音乐激昂，旗抬起，退去，礼毕。一气献了七次，最后，众人齐唱《马赛曲》。

好在法国在纪念他们的牺牲者和盟友时，还没有忘记一战中的盟国、为欧洲战场输送了近十四万劳力的中国。

11月26日，法国国防部与华裔融入法国促进会在博迪古公园的华工纪念碑前举行仪式，隆重纪念一战期间为法捐躯的华工。时任法国国防部长勒德里昂（Jean-Yves Le Drian）向华工纪念碑献花。他说："一战期间，英、法两国面对强敌，将华工运送到欧洲加强后勤力量。华工们经历了路途颠沛，对未来渺茫无知。部分华工被分派到兵工厂制造器械弹药，有些被分配到建筑工地及军火库、船坞码头。每一位来法华工都为法国一战的胜利做出了巨大贡献。一战结束后，约3 000名华工留在了巴黎、里昂等地，成为法国的第一个华人群体。他表示，逝去的华工所作的贡献不会因时间而磨灭，法国将永远铭记华工们无私的付出。中法友谊万岁。"（《欧洲时报》2014年11月27日）

今天，巴黎除了那块小小的华工纪念碑外，还为当年的华工竖立了一尊铜像。2018年为一战结束一百周年。9月20日，巴黎里昂火车站竖立了一座华工纪念铜像，华工微佝着背，肩搭包袱，一脸新奇和坚毅的神情。可以说，在巴黎，华工终有其"一席之地"了。11月11日，在凯旋门一战停战百年纪念仪式上，一名华裔女孩用中文朗读了一封来自上海的华工顾杏卿的书信，顾在信中描述了11月11日终战时他在巴黎所见到的情形。

次日即11月12日，全国人大常委会副委员长吉炳轩在巴黎十三区出席了由中国驻法国大使馆和巴黎十三区政府共同举办的一战百年华工追思活动。吉炳轩在致辞中表示，一战华工为欧洲大陆恢复和平和战后重建做出了独特贡献和巨大牺牲，祖国不会忘记他们。法方表示，中国劳工在一战中付出了汗水、鲜血甚至生命的代价，法国人民不会忘记他们的功绩。他们的名字不仅应镌刻在纪念碑上，也应写入孩子们的历史课本中，让人们永远铭记。劳工们的后代继承先辈精神，为促进法国社会的多元发展和经济繁荣做出了重要贡献。相信他们将一如既往，为深化法中友谊和两国各领域交往合作发挥重要推动作用。

看来，一战结束百年后的今天，无论在法国还是在中国，人们对于华工在一战中的贡献越来越重视了。

吕特蒂旅馆：内讧

1919年1月11日，代表团团长陆徵祥抵达巴黎。

巴黎和会时，中国代表团入住何处？答曰：吕特蒂旅馆（Hôtel Lutetia）。王正廷在回忆中称："胡惟德不仅是一位出色的学者，还是一位很好的东道主，他经常在公使馆用美味的中餐盛情款待怀念中国美食的我们。代表团一行三十多人下榻在离公使馆不远的吕特蒂宾馆。"顾维钧也称："（吕特蒂）是中国代表团的总部，所有的中国外交使节团团长在那里都有房间，我也有一个办公室。"

中国政府正式任命的全权委员虽只有五人（陆徵祥、顾维钧、王正廷、施肇基、魏宸组），但是此五人背后还有一批秘书、参赞等工作人员，更有一批驻欧公使（如胡惟德、汪荣宝、颜惠庆、王广圻等）和南方外交代表（伍朝枢等）参与内部讨论，且有一定的发言权。而正是这个旅馆，见证着中国外交使团所面临的一系列挑战。

可是，这个当年云集中国外交精英的吕特蒂旅馆今在何处？我们从王正廷的英文回忆录 *Looking Back and Looking Forward* 中可知，其名为 Lutetia。巴黎六区哈斯帕大街 45 号（45，Boulevard Raspail）正可找到这家百年老店。

据该店介绍，该旅店于 1910 年 12 月开张，在其中曾住过的名人有画家巴勃罗·毕加索（Pablo Picasso）、政治家夏尔·戴高乐（Charles de Gaulle）、演员玛丽安·奥斯瓦尔德（Marianne Oswald）、安德烈·纪德（André Gide）、收藏家佩吉·古根海姆（Peggy Guggenheim）和艺人约瑟芬·贝克（Josephine Baker），爱尔兰作家乔伊斯也在这家旅馆写过其名作《尤利西斯》之一部分。二战初期，旅馆接纳了众多沦陷区难民，一些著名的艺术家和音乐家汇集于此。旅店于 2014 年 4 月开始维修，2018 年 7 月重新开业。

2014 年 9 月 12 日傍晚时分，我来到吕特蒂旅馆前，旅馆外墙搭满了脚手架，周围是施工的防护墙，显然它正在维修中，但这仍遮掩不住它的典雅气质和百年风华，落日余晖洒在"LVTETIA"几个金字上。

正是这里，见证了百年前中国外交精英全力应对巴黎和会的焦灼不安，同时也见证了代表团内部的勾心斗角。对于前者多有论述，对于后者，我们多不重视，这里就着重谈谈这后一点。

代表席位之争

中国巴黎和会代表团虽派出五位全权代表即陆徵祥、顾维钧、王正廷、施肇基、魏宸组，但代表们到巴黎后，却因中国"对协约国方面实际帮助甚少"，仅获两个正式席位，如要参与会议，只能是不固定地派出两人轮流出席。反过来说，虽只有两个席位，也不妨任命五名全权。

初到巴黎后的陆徵祥，知道中国出席和会只有两个席位，颇为失望，沟通无果后，他要做的第一件事便是召集大家开会，决定中国参加和会的正式代表名录，并呈请大总统颁布任命。然而五代表排名次序颇让他头疼，而且国人又有看重排名的传统，经过再三斟酌，陆徵祥最后决定五人排序分别是陆本人第一、王正廷第二、顾维钧第三、施肇基第四、魏宸组第五。

之所以将王正廷排在第二，主要是考虑到王是南方政府的代表，当初陆徵祥曾力劝王正廷参加代表团，以显示南北双方兄弟虽阋于墙，但尚能一致对外，他对王的地位是有所承诺的，王只能排第二且必须排第二。至于将年轻有为的顾维钧排在施和魏前面，主要是考虑到顾是驻美公使，而在巴黎和会上，和美国代表团的接触和沟通将是至关重要的。恐怕还有一点，就是顾本人参与过1915年的对日"二十一条"谈判，对中日交涉的经纬比较熟悉。至于魏宸组，他虽是外交老前辈，但他主要负责用中文起草文件以及负责代表团内务工作，本人亦不介意排名最后。对陆徵祥的这一排名，顾维钧请求将自己排到最末，最后陆将排名次序调整为陆徵祥第一、王正廷第二、施肇基第三、顾维钧第四和魏宸组第五，并呈请总统按所报名单予以任命。

然而，2月21日，代表团接到政府训示，五代表排序调整为陆徵祥、顾维钧、王正廷、施肇基、魏宸组。这一排名引发代表团内部矛盾。

这矛盾有二：一曰"南北矛盾"；一曰"个人矛盾"。除陆徵祥总长排名第一无争议，魏宸组前辈名列最末不介意外。陆徵祥本许诺南方代表王正廷担任第二代表,但北京政府考虑到"陆本人因健康关系不能经常参加会议,自然不便让南方的代表王正廷博士来代表中国政府",引发南北矛盾。顾维钧虽有能力,又曾办过中日交涉,"业务熟悉",但论资历却不及施肇基,让一个外交"老前辈"屈居"小年轻"之下,施备感不爽,引发个人矛盾。

正是这两种矛盾,使得此后工作中,代表团内部摩擦不断,不能和衷共济。在顾维钧看来,王正廷和施肇基在后来工作中不是挑刺,就是找碴。最富戏剧性的一幕是,有一次,王正廷的秘书在会议桌上首会议主席陆总长的座位旁又添加了一把椅子。其理由是,"王正廷博士代表南方,如同陆总长代表北方一样,既然地位相当,就应像联合主席那样并排就座"。此一幕,顾维钧是这样描述的。

> 在大家步入会议室时,陆总长对这样的座位安排皱了皱眉头;但是他在紧靠着我的左侧椅子上平静地坐下。而王正廷却神态庄严地走进门来,坐在右侧椅子上。这简直是一幅喜剧画面,陆总长显然吃了一惊,以致有片刻时间一语不发。这时,王正廷博士竟无所顾忌地宣布开会,并且要求听取汇报。会议进行中,王正廷得寸进尺地把肘部向左侧挤去,每挤一次,陆总长便不得不挪让一次,直至最后离开桌子,坐到我这一边来了。但是陆总长并未作声。显然,其余的人此时即使没有对王的丑态厌恶,也是深感不对头。但是,会议依旧继续。我记得,我当时一言未发,一直按捺着未作汇报。直到最后,我提请大家注意这种我所看不惯的座位变化。我指出,陆总长是外交总长、代表团团长。我还记得,我当时说,我们必须先澄清这种局面后再开会。

第二天,陆徵祥一气之下不辞而别,不知所往(实避往瑞士)。

如3月13日魏宸组电报所云:"惟内部无意识之争论,层见日出。总长此次猝然赴瑞,中途辞职,原因即在于此。"陆氏一走了之,王正廷亦有所忌惮,他于3月10日来电称:"陆总长近因体倦,于前晚赴瑞士休息,倘有辞职电报到京,请缓递。廷等已推魏使前往慰问,并促早日回法。"他并没有提及陆的离去与代表团的内部纷争有关。

汪精卫:"我要当你面打他耳光"

在巴黎和会期间,因代表团内部的倾轧,还传出顾维钧要娶曹汝霖之女的传言。蔡东藩在他的《民国通俗演义》里这样说道:

> 相传曹汝霖计划尤良。竟欲施用美人计,往饵顾维钧。顾元配唐氏,即南方总代表唐绍仪女,适已病殁,尚未续娶,曹家有妹待字,汝霖因思许嫁维钧,借妹力笼络。或云系曹女。可巧梁启超出洋游历,即由曹浼梁作伐,与顾说合。梁依言,至法,急晤顾氏,极言:"曹家小妹,貌可倾城,才更山积,如肯与缔姻,愿出五十万金,作为妆奁。"顾本来与曹异趋,听到美人金钱四字,也觉得情为所迷,愿从婚约。当时中外哗传,谓顾已加入亲日派,与曹女订婚。究竟后来是否如梁所言,得谐好事,小子也无从探悉,不过照有闻必录的通例,直书所闻罢了。[9]

对此等消息,报上为之惋惜,"以堂堂好男子,何患无妻,乃与全国唾弃之卖国贼结为秦晋,岂不自失其高贵之人格"[10]。并将之视为顾氏由此要加入亲日派之迹象。"值此危急之秋,适逢国际间胜利在望,而国家赖之共济时艰的最卓越外交家之一,却与亲日派联盟,与曹小姐订婚,转而反对国家之利益。"

当然这是一条"假消息"(Fake news)。这一报道对巴黎的顾维钧有如"晴天霹雳"。当他查明消息源自广州,发表于上海,便推测该消息出自王正廷。于是他在招待李石曾先生的午宴上向王正廷求证:

> 午宴将尽之时,我对王正廷博士说,我有一事不明。近日收到上海来电,大意说我已和曹小姐订婚。但此事绝无可能。因为我虽丧偶,但却从未想过续弦之事。我又说,这消息是从巴黎传至广州,又由广州传出去的,所以我特来向他请教,不知他是否知道此事,抑或发出这消息的就是他本人。这时王正廷满面通红,答道:"是的。"我问:"你相信此事是真的吗?"他用中文答道:"有闻即报是我的责任。"我说:"这是私事,我们每天都开会见面,发电之前,你起码应该先问问我本人。"他脸色更红了,说:"我希望这不是真事。"我说:"你知道这不是真事。"这时他答道:"但是不光是我,伍朝枢也发出同样的报告。"谈话到此为止,我心里烦乱至极。想不到代表团内的同僚,一位受过良好教育的、有身份的人,竟会由于政治上的目的而出此伎俩。

随后,顾将此事告诉与王正廷处于同一阵营的汪精卫,汪听后勃然大怒,说:"咱们一起去见王,我要当你面打他耳光。他怎么竟能如此卑鄙、蓄意制造这类谎言。"已到纽约的伍朝枢也回信说,他从未听说过顾订婚的事,称"王正廷是个撒谎者"。

这虽是"八卦",但却反映出当时代表团内部的矛盾和对立。

今天,装饰一新的吕特蒂旅馆已经重新开业,"铁打的旅馆流水的客",百年来,它的住客何啻千万,当年的中国代表团一行人,早已消逝在这百年来的万千"过客"中。然而，正是这里见证了中国外交史上一段难忘的艰难岁月，也见证了代表团内部为个人、政党的名利而互相拆台、倾轧之一幕。

哲人厅：对话

1919年1月18日下午三时，巴黎和会正式召开，陆徵祥与王正廷代表中国出席。在巴黎的中国代表团肩负重任，万众瞩目，但由于彼时交通的限制，一般国人、政党、团体多数以电报等形式向他们表达意愿，施加影响。在巴黎，由于"近水楼台先得月"，除了一些顾问、观察家从旁鼓吹和监督之外，还有中国留学生和工人这一团体，得以与他们近距离接触、对话，既能直接了解代表的主张，又能表达他们的愿望，或者准确地说，提出他们的要求。

"二十一条"是不是你陆徵祥签的字？

据李宗侗（李鸿藻之孙，时随叔父李石曾留学巴黎大学）回忆称，他曾对李圣章建议，"应该在巴黎学生工人界组织一小团体，以反对日本对于山东的要挟"，随后王世杰主张将此一团体命名为"中国国际和平促进会"（Comité Chinoise Pour la Paix Internationale）。这个团体的会址在哪里呢？据李宗侗云："最早租了一个会址在学校街（Rue des Ecoles）及圣日耳曼大街（Bd de St-Germain）中间的一条小街上，是一旅馆的下一层，在圣日耳曼大街转角处，大门在圣日耳曼大街，有一大间客厅及后面的一间书房，书房旁边还有一间小起坐间。"

学院街和圣日耳曼大街中间的街道是索默拉尔街（Rue de

Sommerard），笔者曾按其描述，逐屋勘查，但因李宗侗没有交代交错的街道何名，亦无法准确寻觅。

李宗侗说，在中国代表团到了巴黎后，他们就在哲人厅（Société Savante）请他们来开谈话会。可是，这"哲人厅"在何处？他说："哲人厅是巴黎的私人组织，供人讲演开会之用，在丹东街（Rue Danton），离丹东的铜像不远。"

2014年9月12日，我刚从圣日耳曼大街的奥德翁（Odéon）地铁站出来，就看到振臂昂首的丹东像。丹东（1739—1794），法国大革命时期曾任司法部长，后被罗伯斯庇尔送上断头台，当然，罗伯斯庇尔最终也被送上断头台。这正注解了鲁迅所说的："革命的被杀于反革命的。反革命的被杀于革命的。不革命的或被当作革命的而被杀于反革命的，或被当作反革命的而被杀于革命的，或并不当作什么而被杀于革命的或反革命的。"据碑身显示，该像竖于1889年，这也就是李宗侗当年所看到的那个丹东像。

铜像的马路对面便是丹东街，丹东街既窄又短，一头是圣日耳曼大街，另一头是塞纳河畔，靠塞纳河畔附近便是著名的圣米歇尔喷泉。街道不长，仅寥寥数栋建筑，笔者逐屋看去，看哪个地方像是拥有"哲人厅"的地方，看来看去，觉得靠圣日耳曼大街、丹东街西侧的一个三角建筑或许便是，其理由是该楼底楼有一家名为"LMDE"的机构，其主要关注学生健康、安全、互助等，似乎与公益相关。

当然，这只是猜测，没有确认，所以心里还一直惦记着这一"悬案"。既然按地址无法确认"哲人厅"何在，就在网上搜索了一下哲人厅（Société Savante），于是出现了一幅旧建筑图，此图显示该楼入口处形似塔楼，上有穹顶。于是，我拿着这幅图重新来到丹东街，看有没有这样的建筑。在上回看到的三角楼对面，正有一楼是此式样，其实在该楼的另一端还有一个入口，是同样的造型。看到这，走近一看，门楣上方刻着巴黎第四大学（Université Paris Sorbonne Paris IV），三、四层间隔带上刻着"SOCIETES SAVANTES"，此岂非"哲人厅"乎？其门牌是28，Rue Serpent，当然也算在丹东街上。心想，这幸亏是在巴黎，要是在其他地方，不一定还能找得到百年前的旧迹。正因为法国人对历史建筑的尊重和保护，才使得人们在百年后或数百年后还能看到当时之光景。

我推门而入，亦无人过问，于是逐层观览，因为现在是学校，房间多为教师办公室和教室，只在一、二楼有两个较大的厅，或许就是李宗侗所云当年中国留学生邀请中国代表团交换意见之场所。

至于具体何时举行的这次对话会，李宗侗无法记清，只推算说这是5月以前的事情。他说到当时对话会的情形：

> 这一天他们全来了，我们就请他们坐在上面一个长案子，工人同同学们到者甚多，皆坐到听讲席上。开会时由李圣章做主席，我同王来廷坐在一个角落上做记录。开会后由主席李圣章报告开会的目的，并要求代表团表示他们对于山东的问题的意见。陆徵祥的回答不着边际，其余的代表们除魏宸组以外并没有发言。这时同学何鲁（字奎垣，四川人）走到讲台前要求发言，他就指着陆徵祥大声责问他，问他二十一条是不是他任内所签定，陆徵祥无法否认，只好当众点头承认。何君这次所说的话甚为激烈。所以后来顾维钧在北平曾对人说这般法国学生甚为可恶，见了面就想要骂人，大约就是指的这件事情。到了开会已经两个钟头，有不少的学生发言以后，陆徵祥就拿出

他的外交手段,举起茶杯说:"今天话已经谈好久,我很同意大家的意见,特敬大家一杯。"他不等主席宣布散会,就借这题目率领代表团退走了。[11]

这是学生与代表对话之情形。

巴黎和会时,中国国际和平促进会还在哲人厅举行过一次抗议集会。据李宗侗说,在得知列强决定由日本继承德国在山东的权益时,他们曾以中国国际和平促进会的名义,用英文、法文写过一份关于山东问题的请愿书,"请愿书既然打好以后,就以中国国际和平促进会名义在哲人厅召集大会,向巴黎和会请愿,那天是由法国人权会会长布义松(Bouisson)主席而由汪精卫名义讲演,事实上汪精卫不懂法文,所以由祖兴让代他宣读,祖是在法国留学的学生唯一得到法国中学毕业文凭的,所以他的法文甚好,另外有美国人法国人讲演,颇为热烈"。

除此之外,我们还能看到中国人在"哲人厅"集会的一些记载。比如盛成就说到,华法教育会曾在此召开过勤工俭学学生大会。1928年,太虚法师赴欧美弘法,其时法国东方文化学会诸人就邀请太虚法师在哲人厅发表演讲,"听者二百余人,以中国留法学生居多,巴黎总领事赵君等皆在座"。太虚的演讲看来规模不小,也很成功,以至于有"卜丽都女士由听讲发心,次日来寓相访,欲至中国专修佛学,乞受三皈。遂名以信源"[12]。

可见,这个"哲人厅"曾经留下了诸多中国人的足迹,回荡着中国人的声音。

除了哲人厅对话会外,中国代表团与巴黎中国留学生的接触对话至少还有一次。

王正廷："不得自由虽不死不如死"

1919年2月26日下午2点半，留学生60余人与中国代表团借华法教育会会所开会。华法教育会是1916年3月29日蔡元培、李石曾、汪精卫、张竞生等与法国下议院议员穆岱、法国大学教授欧乐等在巴黎自由教育会所发起的。

华法教育会会所在哪里？今看盛成的回忆，可知华法教育会在巴黎有两处，一处是城内，地址为 8 Rue Bugeaud Paris，一处为近郊，地址为 39 Rue de la Poiute La Garenne-Colombes。"巴黎城内的华法教育会与其他的华法教育会不生关系。"[13] 由于笔者当时并没看到这次会议的报纸报道，所以没有试图找寻此处遗址。

这次对话会，五代表中的顾维钧有事没来，陆徵祥晚到，魏宸组、施肇基、王正廷三代表先行与学生座谈。这次会谈的具体情形在1919年6月3日、4日的《民国日报》上有详细介绍。

起始，会议主席王世杰宣布开会事由。王云：

> 今日集会之理由，总括为三：第一，对于吾国议和代表之任务，表示欢迎。因此次巴黎和议，与吾国国际地位之变更，及吾人对于世界和平的贡献，相关甚切。吾人认吾国代表之任务，为一种最重要最高超的任务；第二，对于最近外间所传中日密约问题，要求解答。因外间对于此项问题，发生种种风说。吾人对于密约性质，及诸代表对于密约事件之态度，均不明了；第三，对于和议席上中国应提出条件，发表吾人主张。并要求诸代表承认提出：（一）中日条约。吾人主张应将欧战发生

后中日间所订一切明约与密约，向和会席上发表，并要求取消；（二）领事裁判权。吾人主张，除向德奥克日收回外，对于其他诸国亦应确定收回期限；（三）租借地。吾人认旅大广州湾威海卫与胶州湾的问题，有连带解决之必要；（四）庚子条约及关税条约。吾人认此次和议为解除此项条约之唯一机遇。以上主张，请诸代表承认，克期提出，并承认力争。

王世杰发言中提出学生的主张和希望，要求公布和否认中日密约，取消列强在中国的种种特权，魏宸组对此回应道：

> 中日密约问题……报纸谣言甚多，即如和平会未开时，报上多为我国于议和席上，无直接发言权，当由日本代表中国。然中国已派代表，代表即已列席，并无意外阻力，可见报纸传闻无据。此次又传日本代表已宣布中日密约，要挟我国代表，并运动我国政府，据政府最近来电，并无此事。至于密约，自不能说全然没有，但我国政府做事，从来散漫无纪，各机关自相隔阂，故有种种事体，本无秘密性质，只以彼此不相通知，遂令人疑其不敢公布。政界各部已自如此，政府事体，国民不得而知，又何足怪。即我们代表诸人，现尚不能全知此中消息，但知之未有不提出者，请诸君勿疑。就所已知者言，则不过山东铁道问题而已，日本初与我政府约，凡由德人手中所得在山东一切权利，我国当然承认，我政府即已画诺，故日本只迫德人放手，我国欲不承认，殊难自解。又以财政困难，时时仰给外债，不得不与以担保品，丧失权利，亦无容讳。今日设法挽救，亦自不无困难，但终不能不竭力为之。至于他种问题，如收回领事裁判权、关税自由、取消庚子赔款种种，将来皆非提出不可，但刻下尚非其时，以和平会提出之诸大问题尚未解决，

我国此种问题，即提出亦不能讨论。至领事裁判权，应如何收回，我国议论不一，有主张完全收回者，有主张部分收回者，收回即组织中外法官参合之法庭，为将来完全收回之预备。在司法部不以此主张为然，以日本收回领事裁判权时，并无此过渡时代之调停法云云。

关于中日密约问题，魏宸组认为，中日是否有密约，就是"代表诸人，现尚不能全知此中消息"。其时，在巴黎的代表就此事向国内征询，2月15日，国务院、外交部致电陆徵祥称："中日文件，除二十一条全案交涉始末及公同防敌案卷业经由外交部抄送携带，吉黑林矿借款合同、满蒙铁路借款草合同、山东高徐顺济借款草合同、胶济合办等事换文，均已由外交部前后电达外，此外并无他项合同，尤无密约。"[14] 由此也可知当时中国做事之潦草。中国代表出席如此重大之会议，出席代表竟对中日间的所有条约不甚了解，事到临头，才火急火燎地请求"务将所有关于中日秘密事件，除已电此处者外，概行将原文火速送电达"。这在今天想来，有些不可思议。

当然，中日之间的关系文书，无不是日本蛮强之压迫、变态之勒索，对日本来说，自然"见不得人"，它知道"见不得人"，还不忘胁迫中国不得公布于世。对国人和外人来说，就成为秘密文件。在1月28日"十人会"上中日首次交锋之时，威尔逊总统就问日本全权代表，"所有中日从前接洽各条件，可否提交大会"，日本代表牧野"以此种条件宣布，于日本不利答复"，并支吾云，"须请示政府"。嗫嗫嚅嚅，让列强颇为不满。当问及中国愿否交出，正愁受制于日人"约定不公布""两国应守秘密"之钳制的中国，今有世界"三巨头""撑腰"，当然乐意公布。然而，中日条约悉数公布，岂非将日本狼子野心暴露于世界？因此，当中国代表及中国外交部表示愿意将中日间的一切协约公布于世时，3月10日，日使馆致中国外交部云："帝国政府未有确答以前，凡关于中日两国间所有之各种协定，请暂缓公布。"

至于王世杰所云的收回领事裁判权等，在魏宸组看来，"刻下尚非其时，以和平会提出之诸大问题尚未解决，我国此种问题，即提出亦不能讨论"。此实情也。当初，我国官民受惑于威尔逊的"画饼"，对巴黎和会所抱愿望甚奢，认为将德国在华特权收回，废除一战中的1915年中日协定（即日本胁迫下的"二十一条"）理所当然，甚至认为按列强高唱入云的公道、平等、尊重主权诸原则，此前自鸦片战争、庚子事变以来列强加诸中国头上的种种枷锁，亦有望打破。过于天真和轻信，就产生了这样的不切实际的幻觉。

魏宸组尚未致辞毕，陆徵祥到会。魏即以数语结束，请陆氏发言。"陆代表先说三十年前，到巴黎时，几不见有中国人，今日还有许多同学，足见我国学界进步，又得与诸同学相聚畅叙，如一家人，深为感幸。又云徐总统曾嘱其向诸同学致意，至外交秘密，在外交官职业上有应守之义务，不便发表。其应在和平会提出种种问题，刻尚有待，总之，不过一时间问题而已。"

陆徵祥说完后，王正廷代表发言。王发言的调子就不同于魏、陆，因为王系南方政府的代表，他没有过多的顾忌，而彼时负外交之责、代表中国者，北方政府也。

> 王代表词气激昂，爱国之热，溢于言外。略谓今日和平会宗旨，在发展全世界之自由，拥护人道，扑灭帝国主义，凡民

主主义国家，皆我友邦，凡帝国主义国家，皆我仇敌。凡蹂躏人道，侵我自由者，我当以死力争之，不得自由虽不死不如死。今我国家富强之本，不在地大人重，在富有煤矿铁矿。中国为世界富有煤产之第三国，北美合众国及坎拿大外，即推中国。中国煤矿，以山西为最富，某国经营山东铁道，目的实在山西，是山东归外人手，由此吸取山西煤矿，则我国富强之根本，断送与人，我国人不可不紧鑰门户，保守家珍。从前与外人秘密条约及一切应收回之权利，今日有此机会，若不提出，若不力争，则可谓全无良心云云。

显然，王的发言多抽象，少具体，抽象容易说，具体落实难。

王说毕后，还剩下驻英公使施肇基代表没发言，大概大家觉得该说的都说了，就请他说一说在英国外交方面的经历。施代表仍说到中日密约，"其关系限于山东一隅，盖所谓山东铁道，某线直入直隶，某线直入安徽，此系全国利害问题，自不能不提出抗议"。

"设政府令诸公变更态度，将若之何？"

代表发言毕后，各处同学代表演说。

据报载，都鲁司代表谭熙鸿演说及都鲁司同学意见书、波铎代表褚民谊君演说及波铎同学意见书，将另行单独发表在6月5日的《民国日报》上。但是在此日及此后数日的报纸上没找到他们的发言。

里昂代表何鲁的演说指斥陆徵祥与日本订约之误，词气愤激，会场为之动容。其中英国代表周览针对诸代表的发言加以辩驳：

此次和议大会，关系中国前途极大，留英同学，甚欲竭其绵力，以为议和代表后盾。对于和议各问题，英国同学意见，已见诸各次宣言书。与刚才各位所主张大致相同，无需兄弟多说。惟刚才听各位代表先生演说，颇有不容不辩明之点。施先生说我们不要将问题看错，专注于青岛问题，实则我同学等，并未看错问题，吾人之要求，不仅青岛而已，并及山东一切路况权利，并且问题不限于山东一省，旦［但］凡日人于战时强加我国权利，均要收回。则最重要者莫如千九百十五年之中日条约，此约不废，中国危险何堪设想？此层甚望诸代表先生领会。又关于领事裁判权、关税诸项牵涉协商各国之问题，魏先生谓此时提出，似乎有反向协商友邦要东西之嫌，实则吾人何尝是向彼等要东西，不过是要彼等将在我国占有的东西退还我们。陆先生亦谓恐怕此时提出，有伤协商友邦感情。此层究亦系过虑。实在英法美各国舆论，对于我们要求，深表同情。兄弟日前尚接有英国同学来信，说及我们宣言书发出，英国舆论，甚表欢迎。有名之大学教授多有回信，承认我国要求正大，愿为助力运动者。可知此类问题，尽无妨及早提出会议。此亦是请诸位先生注意之点。

同学们要求收回青岛，要求废止"二十一条"，要求废除列强在中国的特权，在道理上讲，理当如此，但实际上能收回青岛已经是"阿弥陀佛"了，要废除大战之中所产生的"二十一条"已属痴人说梦，至于要废除战前列强通过"用强使蛮"在华获得的特权，更是无异于与虎谋皮。中国代表难道没有这点"自知之明"？

事实上，后来，中国代表团虽知不可为，但亦抱一线希望，向和会提交《废除一九一五年中日协定说贴》和《中国之希望条件》。

特别是这后一文件，一气开出 7 项希望条款：舍弃势力范围；撤退外国军队、巡警；裁撤外国邮局及有线、无线电报机关；裁撤领事裁判权；归还租借地；归还租界；关税自由权。但不出所料，为和会所拒绝。和会议长、法国总理克里孟梭答复称："以上两条业已收到，本议长兹代表联盟共事领袖各国最上会议声明。[再]联盟共事领袖各国最上会议，充量承认此项问题之重要，但不能认为在平和会议权限以内。拟请俟万国联合会行政部能行使职权时，请其注意。"看来，不是说中国代表团不想努力、没有努力，而是努力了也最终只是"白忙活"。不仅这些条件未被接受，甚至连山东问题此一底线亦被击穿。可以说是满怀希望而去，带着失望而归。

不过，从周同学的发言中，我们还可以看到当时留欧学生在舆论鼓吹上的努力。他说：

> 我们对于议和希望，既如是之大，一面望诸代表先生在议和席上力争，一面大家在外须造舆论。故休战条约签字不久，英国同学即嘱兄弟与王君世杰，联络留法同学，共发宣言。现在宣言书已用英法两文发了两次，反响不小。英国方面，尚在各方面分途进行，如运动报馆说话，联络大学教授组织中英协会，运动议员，在英国议院质问，运动政界实业界有力人物赞助之类，甚有效力。拟不久在伦敦开一中英人士联合大会，并将请代表诸先生抽一两位出席演说，以为声援。此英国同学对于和议运动之大致情形，闻留法同学，亦将有同样之进行，甚为欢迎。

周同学还认为，关于中日密约问题到底有没有，应当彻底弄清，而不是若吐若茹、含含糊糊：

说到中日密约问题，刚才听魏王施三位先生所说，综合起来，这种密约若有若无，看起来不独是中国政府各部办事不接头，就是现在各代表亦似尚多不接洽之处。中国办事，向来无统系，也不足怪，不过今日问题甚大，不可不彻底弄清。密约如真没有，就须正式发通告，打消谣传。然据现在实情，似乎确有其事，则我们同学意思，望代表赶急将此类密约，均行发表，要求作废。昨接英国同学来信，尚望速将各密约抄寄，以便在英国发表，唤起公论，俾大家不直日人之鬼祟行为。总之，此次和议，关乎我国权消长，不容敷衍了事，全国人心一致，主张力争。诸位代表形式上虽由政府委任，道义上对国民有专任，苟其事有反国民公意，即令政府当局之命，亦不容屈从。如其良心有所不安，当以去就争之，我留英同学即以此责望诸代表，必终始监视其后，其遂我们所望。想留法同学亦有此决心。此层是兄弟所欲切向诸先生声明的。

施肇基对此回应，自辩说并未言无秘密之存在。

外交代表、学生代表依次演说下来，为时已晚，主席限定后面演说的同学，每人发言以五分钟为限。有艾祖瑞君演说称：

我今到会，与其为欢迎五专使，不如言责五专使之为有益也。吾责望五专使者有二：近日法国报纸述日本迫我政府训令议和代表，取一致行动。吾国自有外交行使权，何劳日本越俎代庖，此种举动，与吾国独立自立，实太藐视，吾政府若顺日本之意志，是自损国权也。五专使代表国民之责，对于此点，当以去就争。此吾之责望者一也。

领事裁判权，为吾国切肤之痛，尽人能言，不收回之独立自主之谓何？日本暹罗国小于我，早已要求收回，堂堂大国，任其留存至今，斯真神明胄裔之耻辱也。仿日本收回先例，或效暹罗办法，于斯二者，必有其道。如虑均不合于吾国情形，则别开生面，另设一新制度，亦属事在人为。夫吾之哓哓此点不已者，在希望五专使早抱定见，对于大会，始有立言之方针。不然千载一时之机会，稍纵即逝，过此以往，吾国如欲提议收回，均夏夏乎其难之矣。范雎曰善治国者，内固其威，外重其权。并要求收回领事裁判权，实如巩固国基，对内对外之必须处置也，然则五专使处于为吾国民负责之地位，盖亦知所从事矣。此吾之责望者二也。

天下事本不难，所难者一决心耳。五专使若本法学之理论，历史之成例，毅然决然发议论于大会，列强方高戴假仁假义之面具，当然不直然发生冲突，则抗议日本，提议收回，并非坐言不能起行之一种空虚议论，而毫无成功之希望。至于方术之运用，手腕之老辣，五专使成竹在胸，不劳许子之不惮烦矣。五专使勉之，企予望之。

又有阎一士君演说，"略云中日条约，不必争执是明是密，二十一款已算断送中国生命，现在政府实不可靠云云"。甭管别人如何，先看自己态度。针对阎君提出的"政府不可靠"之意，大家遂向代表再行诘问，"设政府令诸公变更态度，将若之何？"陆徵祥起答，"当以去就争之"。众大鼓掌。"陆又谓从前种种条约，既系自己手订，今日为自己补过，更当竭力，又与诸同人恳恳相勉数言，劝同人信用政府。"

最后，众人"齐呼中华民国万岁者三，离席衔杯，复同声祝呼而散"[15]。

归功于当时报纸的登载，今天，我们方能知晓这次对话会的详细情形。

1931年出访欧洲的吉鸿昌在巴黎时就发现，"留法学生与留欧各国学生代表所组织之中国留欧学生总会，用以监督我国代表之行动者，仍在执行职务，亦表示我国民意之一法也"。看来，中国留欧学生心系祖国、关心国事、监督外交的传统一直存在。

圣克卢医院：阻签

病气交加避医院

中国代表团内部的矛盾，使得任外交总长兼代表团团长的陆徵祥很是"窝火"，他曾经不辞而别，前往瑞士，后来，陆氏又避居巴黎西郊的圣克卢医院（Hôpital de Saint-Cloud）养病。

他抱病在身，当是实情。当初政府将顾维钧而不是将王正廷列为第二代表，就是考虑到万一陆氏无法履职，不至于让南方的王正廷作为第一代表代表中国。至于陆氏身患何病，不得而知。但至少从他本人的叙述中，可知在他出使之初，在东北乘坐日人主动提供的专车时，由于车工之马虎，后半夜炭尽火熄，车厢温度骤降，致其腰如刀割，身不能动，几乎无法参加和会。他是这样说的：

> 当我往巴黎和会时，我由东三省到日本，经过美国往巴黎。魏代表和我同路，带有秘书三人。日本政府闻我要过日本，乃预备盛大欢迎。日皇将设茶会，亲授勋章。外务省特派专车在南满铁路迎接并命车箱加火，因闻陆使畏寒。登车后，车中热

度甚高,热到二十余度。我和太太并魏使等,都因热不能睡。不料管火的车工,加煤后即熟睡,半夜炭尽火息。黎明,车中温度降至零下五度。温度转变过快,被褥冻得好似铁片。我醒来时,欲坐不能伸腰,头痛,腰部有如刀割,乃敲车箱壁,请太太过来。我说伤了风,腰痛不能起身。魏代表与秘书等都到,太太以为病无危险,只是须一些时候。车到沈阳,即召名医,英美医生都不在家,乃召一日医,用药水按摩腰部,加棉絮包裹,痛稍止,但不能移步。我在旅馆与同人商议,是继续前去,还是电政府请辞。太太与同人都说病势并不妨碍旅程,且政府一时也找不到相当替代的人。同时政府又来电慰问勉励,乃继续登车。上下车都用轿抬。车到马关,即电驻东京使馆,通知日政府,我照医嘱,决不能赴茶会。茶会乃取消。抵横滨,日皇派御医来诊视,早夜两次按摩。日外务省特派专车接我进京。我在东京晤日外相,谈话二十分钟,在中国使馆吃过饭,即回横滨,起椗赴美。[16]

看来,他的确伤得不轻。虽然我们不必以恶意来揣测日人,但客观上,正是日人让陆代表大吃苦头。日人对陆代表"盛大欢迎",日皇将设茶会,"亲授勋章",是日人对陆的礼遇,恐怕多是不怀好意。事实上,随陆氏一行的一个装有有关满、鲁、蒙、藏问题绝密文件的文件箱不知在何时、在何处神秘丢失了!顾维钧推断是日本人干的。他说:"我总觉得,它是被日本情报部门蓄意窃去的,因为大木箱内装的文件只有日本才深感兴趣,其他人是不会觊觎它的。"而我们却有如"尤二姐"一样,明明被人算计,吃了亏,却还以为幕后主谋王熙凤"深明大义"着呢。

陆徵祥入住的圣克卢医院在巴黎西郊的塞纳河畔。2014年9月

17日，我踏访此地，出地铁，过塞纳河，步上一坡，坡道窄曲，仅容一车单行，走不多远即到圣克卢医院。医院三层石楼，显系历史建筑，正在维修中。此当是当年和会期间陆徵祥养病或者说避众之所在。其后面则是较为新式的、现代的医院大楼。其前面不远则为一教堂（Eglise Saint-Clodoald）。

签，还是不签？

在中国要求被拒，目的未达到，且退无可退、别无他途的情形下，签还是不签？

国内群情愤激，无不主张拒签。但对政府来说，却是左右为难、举棋不定。"政府以民意所在，既不敢轻为签字之主张，而国际地位所关，又不敢轻下不签字之断语，左右掣肘，而地位益臻困难矣。"签固然有损中国利益，但不签同样有损中国利益。

为此，5月10日，国务院向各省督军征求意见，电文中总结了不签字之五害：

（一）胶澳现在日人掌握，将来更无收回希望。（二）关于胶澳，中日已有协定条件，若非各国调停，必致日人单独处置。（三）以后日人如有轶出范围举动，各国恐难仗义执言。（四）接专使电告对德各项，如领事裁判权之撤销、津汉各租界之收回、关税之自由、赔款之废止、债务之没收、损失之赔偿均已列入草约，将来对奥和约自可照办云云。若不签字草约，上述各节悉归无效，将来仍须由中德自行办理，果否能得上项结果，殊难逆料。（五）不签字草约，恐难加入国际联盟，转致他项问题均受影响。（《国务院致各省督军等电》，1919年5月10日）

基于此，国务院认为"似宜从权签字"。

其中不签字"恐难加入国际联盟"此一条，对中国杀伤力颇大。因为该会办法，"国分三种：甲、协约国签字者即为入会之国。乙、和约开列之中立国，由签字事国随后邀请入会。丙、德奥等敌国，异日入会，须候该会议决。我不签字，既自屏于甲种，列在乙种，将来加入须审查。"但后来人们发现，这条实不是问题，因为不签德约，还可签对奥和约，而对奥和约与中国关系不大，当然可以签，于是，中国加入国联的权利照样得到保证。

在列强下决心牺牲中国之后，代表团竭力挽回，步步退让，均被蛮横拒绝。用陆徵祥的报告的话来说，就是，"此事我国节节退让，最初主张注入约内，不允；改附约后，又不允，改在约外，又不允，改为仅用声明不用保留字样，又不允；不得已改为临时分函，声明不能因签字而有妨将来之提请重议云云。直至今午时完全被拒，此事于我国领土完全及前途安固关系至巨。……不料大会专横至此，竟不稍顾我国家纤微体面，曷胜愤慨。弱国交涉，始争终让，几成惯例，此次若再隐忍签字，我国前途将更无外交之可言。"

于是，代表团就在未收到北京关于拒签的任何指示的情形下，做出了拒签的决定，待签约仪式结束后，代表团才收到拒签的指示。为何政府指示未能在签字前为代表团所收到，不得而知。

围堵陆徵祥

若政府训令代表签字，代表自无不签之理。但事实上，即使他们想签，也不一定能方便签成。因为他们还要过巴黎的留学生、工人这一关。

6月28日，和会闭幕。在巴黎的留学生事先打探到陆徵祥所住之圣克卢医院，在签约的前一天，学生与工人聚集此地，阻其签字。

李宗侗回忆称：

> 我们也找不到他的住址，我们就托郑毓秀女士探听，她又转托了前不久刚逝世的张默君女士，因为张女士同中国使馆有来往，使馆中人不疑心她会告诉我们知道。到了和会签字头一天，王雪艇、李圣章诸先生及若干工人，总共有卅余人夜晚皆到了圣克卢，陆徵祥口里说不肯签字，但是大家对他仍旧怀疑，预备第二天再去监视他。因为夜晚陆氏随从以为人数甚多，报告给他，使他发生畏惧，这也影响到他第二天的态度。到了第二天一清早，共有学生工人四十余人，包围了圣克卢陆氏的寓邸，陆徵祥的汽车已经停在门口，大家就推派李圣章一人代表进屋见他，李圣章就问他是不是不签字，他说一定不签字，李圣章就说你要签字我裤袋里这支枪亦不能宽恕你，一方面李圣章拍拍他自己的口袋。这一天他袋中的确有一支枪，另外这天工人中带有手枪的也大有人在，预备等陆氏上车的时候，他们用枪打毁他的车胎，使他的车开不动。在圣章方面，他已经写好了一份自白书，预备打死陆徵祥以后在警察面前自白。可见他是有决心的。陆徵祥看见局势危险亦就不敢再到凡尔赛去签字，当天的晚报登出中国代表团在签字时缺席，这一场历史故事就此结束，因为中国代表团在和约上没有签字，青岛问题成了悬案，这就引起了后来的华盛顿会议。

而在巴黎的中国代表团总部吕特蒂旅馆同样被学生、华侨等监督。顾维钧说："在巴黎的中国政治领袖们、中国学生各组织，还有华侨代表，他们全都每日必往中国代表团总部，不断要求代表团明确保证，不允保留即予拒签。他们还威胁道，如果代表团签字，他们将不择手段，加以制止。他们急欲获知代表团的立场。为了应付他们，我亟待陆总长决策。当时国内公众团体以及某些省份的督军省长们甚为焦急，纷纷致电代表团，坚请拒签。他们称，北京政府已愿意签字，因此，巴黎代表团应采取明确的爱国立场，拒绝签字，以符民意。"6月27日夜，顾维钧前往圣克卢医院，在陆总长卧室内向陆报告情况，他正遇到包围圣克卢医院的中国学生、工人。

> 晚饭之后，我去看陆总长，发现岳（按，即时任驻巴黎公使馆参赞、代表团秘书长岳昭燏）也在。我们一道交谈了几个小时。岳先生后来起身向外交总长告辞，要返回巴黎。这时，发生了一件有趣的、在当时看来非常可怕的事情。岳先生在走后二三分钟又匆匆地折了回来。他脸色苍白，对外交总长说，他在医院花园里受到了袭击。据他讲，花园里聚集着数百名中国男女，很多人是学生，也有一些华侨商人。他们拦住了他，诘问他为何赞成签约。甚至在他保证说，他不过是代表团秘书长，对签字与否并无发言权之后，人们还是围住不放，并扬言要将他痛打一顿。他们把他看作是陆总长的心腹，并认为陆不顾代表团其他人的劝阻，已经决定签字。据岳先生讲，人们威胁说要杀死他，人群中有一女学生甚至当真在她大衣口袋内用手枪对准了他，于是他跑了回来。他说，他还是在医院里过夜为宜。我尽力使其平静，同时说道，人们恐吓他是可能的，但还不至于真的想杀死他。两点钟左右，我告辞出来，偕岳同行。我对岳讲我将负责他的安全。我们下楼之后，人们又将他围住。但是，当人们看见我以后，局势似乎便不再那么紧张了。显然他们了解我是主张拒签的。我告诉他们，不允保留，中国当然

不会签字，而由于未得到任何支持，保留看来已无可能，因此，签字一事便亦不复存在，诸位可不必为此担忧。

顾维钧说人们听了他的这番话之后便散开了。这位持枪的女学生名为郑毓秀，后来嫁给外交家魏道明。顾维钧说他"当时断定她那假冒手枪之物不过是藏于口袋之中的一段树枝而已"，事实上，的确如是。当时那些包围陆徵祥的人中，郑毓秀以树枝作手枪，但据李宗侗所说，李圣章口袋里装的可是真手枪，并下决心要干掉陆徵祥的，如果他敢去签字的话。

唯一拒签对德和约的国家

6月28日，凡尔赛的镜厅（La Galerie des Glaces）迎来对德和约签字仪式。凡尔赛总是不乏游人，大凡到法国，总归要到此地一游。其镜厅与歌剧院的长廊、卢浮宫的阿波罗廊、枫丹白露的弗朗索瓦一世长廊相似，一样的精雕细绘，一样的富丽堂皇。但镜厅的特别之处在于其前窗面向花园，后壁即那由483块镜片组成的17面落地镜，使得本来就比以上诸长廊阔大的空间显得更加阔大透亮。

1919年，对德和约签订仪式之所以选在凡尔赛的镜厅举行，正是法国为一雪普法战争失败之耻。1871年普法战争中，法国战败，割地赔款，普鲁士王威廉一世在凡尔赛的镜厅宣告组织德意志联邦，登上皇位。1919年6月28日，法国在此签订对德和约，借以雪耻也。

1934年，应懿凝来到凡尔赛的镜厅，看到这里摆着1919年6月28日签署凡尔赛和约时用的那张桌子，并摄有一照片，她说，"有一室内置长桌一事，别无他物，桌上置有说明书，盖一九一九年凡尔赛和约签字，即在此也。睹此乃联想及法前首相克雷蒙梭，怡遂问向导则曰：'人谓首相直立而葬，不识有诸？'曰：'是乃一二子之信口雌黄耳，实无其事也。'将下楼。向导者指梯郑重而言曰：'当凡尔赛和约签字之日，德国代表，即由此梯而上。'言时欣欣然有得色，盖当普法战争之时，德军大捷，杀敌搴旗，直达巴黎，普王威廉即在此宫登德国皇帝位；当此之时，霸倾联邦，威腾四海，未尝非一世之雄也！然其后大战败绩，德人再莅此宫，低首求和，委曲缔约，回首前尘，直如一梦，沧海桑田，世事诚无常也。"[17]

只是法国"爽"了一时，却埋下更大的祸根。20多年后的1939年，德国攻击法国，6月22日，德法签订停战协定，德国复为法国"精心"安排了签约地点，即第一次世界大战后德国曾签署投降书的贡比涅森林的福煦车厢里，这对法国来说又是何等的耻辱。此系后话。

不管怎么说，1919年的6月28日这天，协约国额手相庆，战败的德国没有发言权，只得接受。对中国来说，心情复杂，一方面中国迫切地想融入这个世界，成为这个世界平等之一员；另一方面中国又为这个世界所伤害，不能不自我放逐。

顾维钧回想当年的场景："那是大清晨。彼时情形我记忆犹新，我自己驱车驶离医院。那真可谓一次旅行——在清晨五六点钟时分，从圣·克卢德到巴黎，竟用了十五甚或二十分钟。汽车缓缓行驶在黎明的晨曦中，我觉得一切都是那样黯淡——那天色、那树影、那沉寂的街道。我想，这一天必将被视为一个悲惨的日子，留存于中国历史上。同时，我暗自想象着和会闭幕典礼的盛况，想象着当出席和会的代表们看到为中国全权代表留着的两把座椅上一直空荡无人时,将会怎样地惊异、激动。"

中国成为巴黎和会上唯一一个在对德和约上拒绝签字的国家。

圣日耳曼宫:完约

对德条约拒签之后,对奥条约签署就不能有丝毫差错,因为签了奥约,中国仍可为国际联合会发起会员国之一。

东邻有拒我单签奥约之意

日本因中国拒签德约,大扫其兴,想在奥约签订上为难中国,幸而国际社会并无此意。1919年7月7日,陆徵祥电云:"虽此间东邻委员团微闻有藉词拒我单签奥约之意。惟近日会中各股开会,照常邀我列席,且前尚无为难情形发生,此后自当步步注意,以达往签目的。"

我们都知道,对德和约签订于凡尔赛,可是,对奥条约签订于何处?笔者向未注意此等问题,直到有一次在位于威尔逊总统大街22号(22 Avenue du Président Wilson)的法国社会科学高等研究院(L'Ecole Des Hautes Etudes En Sciences Sociales)的现当代中国研究中心图书馆(La Bibliothèque du Centre d'Etudes sur la Chine Moderne et Contemporaine)借出"对奥和约"时,突然看到封面上有"1919年9月10日签于圣日耳曼昂莱(Saint-Germain-en-Laye)"的字样。因为彼时我所居住的拉菲特城(Maisons Laffitte)后面两站(当然这两站距离比较长)就是圣日耳曼昂莱,要去一趟岂不太方便了。于是决定去访此地,找找当年对奥和约的签署地。

拉菲特城最让我难忘的就是它周边那大片的圣日耳曼森林，法国夏季白昼时间特别长，晚间十时太阳才下山。每天晚饭后，我都会从不同方向踱进森林，转悠两小时许，虽说是森林，但并不茂密幽深，且有砂石小道纵横其间，以便人行。大概像我等这样的闲人太少，无论何时，几乎见不到什么人。偶有见女士骑马，按辔徐行，抑或见老妇挎着篮子拣拾落栗。至于路旁野兔，则安然觅食，屡见不鲜，林中松鼠，"刺啦"一声窜上树梢，吓人一跳。甚至还有一次，我无意间走到隐匿林间的一处军事基地，被门人呵斥。

虽然乘A线只两站就能到圣日耳曼昂莱。但据我查看，经由森林小道似乎亦能到达，大约有九里路的样子，于是，我决定穿越森林，步行前往，然后坐A线归返。2014年9月25日，秋气宜人，我步入林中，树木疏朗，光影斑驳，黄叶匝地，青果满枝，黑鸟觅食草间，蚊蚋翔舞空中。前途未知，处处天然，穿枝拂叶，时徐时疾。不知不觉地走了两个小时，方穿出森林，正要辨别方向时，抬头一看，前头有一大片开阔地，正是戴高乐广场。广场旁边有数排修剪齐整得像一堵堵绿墙似的树木，远处便是圣日耳曼古堡（Château Vieux de Saint-Germain-en-Laye），此当是陆徵祥说的签订奥约的"圣日耳曼宫"。

拉菲特城亦有一城堡，即为拉菲特城堡，风格古典，整饬庄严。圣日耳曼城堡的规模比拉菲特城堡还要宏大，四周合围成一不规则的五边形中庭，有的部分还在维修中。此处已被辟为国家文物博物馆（Musée des Antiquités Nationales），其中多为远古时期的种种文物。

从圣日耳曼城堡出来后，复穿过那宽阔的戴高乐广场，来到尽头，发现此处实为一高地。脚下是一畦畦葡萄园，不远处的塞纳河蜿蜒似练，河两边满眼绿色，白屋掩映其间，极目远眺，远处便是巴黎城。顺广场边缘徐行，有一观景平台，台上有一奶色半圆形大理石，石上刻有不同方位的箭头，标注着所能看到的建筑名称。依其提示，可知左侧近处林立的高楼是拉德芳斯。右侧远处一隐约可见、如火柴棍般大的模糊影子，正是埃菲尔铁塔，铁塔距离此地有15公里之遥。

是日，空气澄明，云团悬浮天际，云影印染在绿树白房上，颜色因之而或深或浅，错落有致。如此秋光美景，令我等徘徊良久，不肯罢休。以至于第二天，复来此处，却发现晴空如洗，景象虽好，但总觉不如先一日之丰富斑斓。

与奥签约，对中国来说，利害不大，无甚纠结。1919年9月10日晨10时，陆徵祥和王正廷前来圣日耳曼宫，代表中国在和约上顺利签字。

只说陆代表"跟山东人一齐受苦"

和会结束的翌日，陆徵祥受命往赴罗马，在那不勒斯应邀画像，以纪念在和会上捍卫中国权益之艰辛。在陆氏画像右上方，是陆氏的座右铭"慎独"的拉丁文字"*Non sibi Illudere*"，环绕着陆徵祥名字的首字母 L.T.T.。1927年，陆氏本人将画像捐献给瑞士伯尔尼历史博物馆。这幅画像可以在陆徵祥（Lou Tseng-Tiang）的《回忆与思考》(*Souvenirs et pensées*, Bruges Desclée de Brouwer, 1945) 中看到，而这本书可在法兰西学院图书馆（La Bibliothèque du Collège de France）汉学馆中借阅。

陆氏乘船回国，在上海登岸，受到民众的热烈欢迎。陆徵祥说：

我从巴黎和会回来，船到吴淞口，岸上立几千人，打着旗。旗字大书"不签字""欢迎不签字代表"。船主不知道是怎么一回事，他不明了民众是反对还是欢迎。那是午后五点，我正在剃胡子。船主托人告诉我，请加谨慎。我说他们既是欢迎必然无事。赶到吴淞口的人，以为我将在吴淞登岸，我们的船却直驶上海。吴淞口的人都已赶回上海。上海的几位朋友走来欢迎，都不能近前，因岸上的人多极了。当晚我就乘车去北京。车站站长请见，言民众都围在车站外，可否让他们进站。我说当然让他们进来。我往火车站，一路水泄不通。巡警与秘书等，沿途大喊，让陆专使登车。登车后在车上出见民众。

　　中国代表团在巴黎的使命算是完成了。因中国未签署对德和约，理论上中国与德国仍处于战争状态，9月15日，中国发布公告，宣布中德结束战争状态，1921年5月20日，中德签署平等协约。

　　日本为攫得山东利益，可谓处心积虑，机关算尽，可是中国没有签署对德和约，全国长舒一气。于是，恼羞成怒的日本人把气撒到山东的老百姓头上，于是，山东代表天天向总统请愿哭诉。总统说，你们去找陆徵祥。

　　陆这样说道："我到北京以后，山东人民代表，每日一队往见徐总统，言因陆代表不签字，山东人受尽日本人的报复，苦不可言。代表在总统府前，有号啕痛哭的，总统也无话可说，叫他们来找我。我答复他们说：'对山东人民所受的苦，我自觉抱歉。自问实在对不起山东人，并且也对不起政府；因为政府命我签字。不过当我回国时，各地都表示欢迎。我不签字，得罪了山东人，签字，全国人受害，请诸位自加计较，诸位回去不必向人详说这一切，只说陆代表跟山东人一齐受苦。'"签不是，不签亦不是。其实，日人在山东的跋扈，与签不签字关系并不大，难道将山东送予日人，山东人的日子就好过了吗？

陆徵祥说要"跟山东人一齐受苦"，足见其内心的博爱和痛苦。其实，这话来源有自，他早年追随的恩师许景澄曾教诲他一字诀为"孝"，二字诀为"吃苦"，他铭记在心，并终生践行。

通过巴黎和会，中国人包括这位终生从事中国外交的老外交家信念幻灭了，那就是西方世界高唱入云、我们曾一度相信的公理正义实际上并不存在。对陆徵祥来说，"巴黎和会的刺激较比二十一条件的刺激更大。二十一条件谈判时，所感触的是一个霸道国家的强横。然而究竟是一个强国的霸道，不足动摇老外交家的信心。巴黎和会乃国际主张正义的会议，乃竟欺弱媚强，使我国无伸冤的余地"[18]。心灰意冷的陆徵祥随后辞外长职，绝迹仕途，后来入比利时圣安德修道院，了却残年。

在修道院的陆徵祥，在拜读他的老乡、教友徐光启的《辩学章疏》时，感慨道：其"于形上形下之学，辨之綦详，其于正人心，厚风俗，三致意焉。乃至采用西法，制器利用，一洗两千年来腐儒空疏之诮。使明廷能采公之议，优纳公教，移风易俗，奠邦基于磐石，启世界之文明，则一千九百十九年巴黎和会之亚洲之牛耳，以代表黄色人种者，岂异人任哉！"（陆徵祥：《明徐文定公灵表》）

在修道院的陆徵祥显然不能忘怀当年的巴黎和会，幻想倘明朝能推行徐光启式的"新文化运动"，巴黎和会上的中国和他本人也许就不会那么"憋屈"了。

注释:

[1] [美]徐国琦:《中国与大战:寻求新的国家认同与国际化》,马建标译,上海三联书店2013年版,第150—151页。

[2] 吉鸿昌:《环球考察记》,河南人民出版社2009年版,第150—151页。

[3] 陈三井:《华工与欧战》,台北:近代史研究所1986年版,第179—180页。

[4] 顾维钧:《顾维钧回忆录》第一分册,中国社会科学院近代史研究所译,中华书局1983年版,第173页。

[5] [日]服部龙二编:《王正廷回忆录》(*Looking Back and Looking Forward*),东京:中央大学出版社2008年版,第83页。

[6] 傅增湘:《侨工须知》,1919年,第3页。

[7] 孙中山:《答日本〈朝日新闻〉记者问》(1920年6月24日),中国社会科学院近代史研究所中华民国史研究室等合编:《孙中山全集》第5卷,中华书局1985年版,第73页。

[8] 蒋廷黻:《蒋廷黻回忆录》,谢钟琏译,台北:传记文学出版社1979年版,第70—71页。

[9] 蔡东藩:《民国通俗演义》(第6册),上海会文堂新记书局1935年(改版后)3版,第653—654页。

[10] 《顾曹果联为婚姻乎》,《益世报》1919年4月28日,第2版。

[11] 李宗侗:《巴黎中国留学生及工人反对对德和约签字的经过》,《传记文学》第6卷第6期,第41页。

[12] 太虚大师:《太虚大师寰游记》,大东书局1930年版,第13页。

[13] 盛成:《海外工读十年纪实》,中华书局1932年版,第46页。

[14] 《国务院、外交部致陆徵祥》(1919年2月15日),王建朗主编:《中华民国时期外交文献汇编:1911—1949》第2卷上,中华书局2015年版,第108页。

[15] 《巴黎中国专使与留学生演说大会》(巴黎特别通讯),《民国日报》1919年6月3日,第3版;《巴黎中国专使与留学生演说大会(续)》(巴黎特别通讯),《民国日报》1919年6月4日,第3版。

[16] 罗光:《陆徵祥传》,台湾商务印书馆1967年版,第110—111页。

[17] 应懿凝:《欧游日记》,中华书局1936年版,第238—239页。

[18] 罗光:《陆徵祥传》,第115—117页。

图片为陈占彪摄于 2014 年 12 月 16 日

  1998 年 2 月 11 日,在巴黎的博迪古公园(Jardin Baudricourt)竖立了"纪念在第一次世界大战中为法国捐躯的中国劳工和战士"纪念碑。

1918年11月28日、29日、30日，为庆祝大战胜利，全国放假三天。图为北京民众庆祝欧战胜利时的场景。

图片为 Sidney D. Gamble 摄，选自 Jonathan D. Spence, *The Search for Modern China*

王正廷　　陆徵祥　　顾维钧

图片选自班鹏志：《接收青岛纪念写真》，商务印书馆1924年版

    1919年1月28日，处理战争问题的巴黎和会召开。作为战胜国之一的中国派出代表参会。图为其中的三位代表陆徵祥、王正廷、顾维钧。

受到威尔逊"十四条"倡议的鼓舞，中国对摆脱列强在华的种种特权寄予厚望。

图片选自《益世报》1919年1月7日，第10版

图片为陈占彪摄于 2014 年 9 月 12 日

  吕特蒂旅馆（Hôtel Lutetia）见证了中国外交史上的一段难忘的艰难岁月，也见证了代表团内部为个人、政党的名利而互相拆台、倾轧之一幕。图为重修中的吕特蒂旅馆。

"在中国代表团到了巴黎后,我们就在哲人厅(Société Savante)请他们来开谈话会。"图为巴黎"哲人厅",今为巴黎第四大学。

图片为陈占彪摄于 2014 年 10 月 1 日

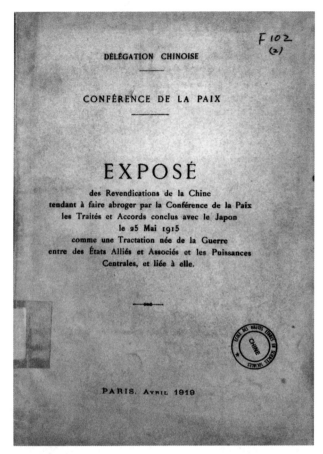

2014年9月18日陈占彪摄于法国社会科学高等研究院（École des Hautes Études en Sciences Sociales）现当代中国研究中心图书馆（La Bibliothèque du Centre d'Études sur la Chine Moderne et Contemporaine）

图为中国向和会提交的《废除一九一五年中日协定说帖》（1919年4月）封面。

"地球翁寝不安席,食不甘味,盖已四载于兹矣。今烽烟已灭,大战告终,得仍与'恩格儿煞拇'等欢聚一堂,其乐也如何?"图为漫画《地球翁之盛宴》。

Mr. Earth's Weary Party After the War.

"The encouragement to drink that the guests naturally expect."

图片选自《上海泼克》

图片选自《益世报》1919 年 7 月 28 日，第 10 版

和会期间，日本玩弄软硬"两手"，一面勒索青岛，一面声称归还青岛。

中国参战之时,"据说有人曾向段祺瑞总理建议我国参战,关于战后应享的各种权利,理宜向协约各国取得书面保证。但段氏答以:我国系与'君子'打交道,无须预索保证!"(颜惠庆:《颜惠庆自传》,姚崧龄译,台北:传记文学出版社1982年版)巴黎和会上,列强为"协约所束缚",最后屈从日本的意愿,日本终遂其意。

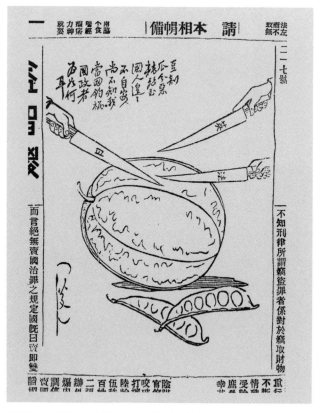

图片选自《益世报》1919年5月22日,第10版

图片为陈占彪摄于 2014 年 9 月 17 日

在和约签字的前夕,在巴黎的中国留学生、工人,围堵在巴黎西郊圣克卢医院养病的陆徵祥,以阻其签字。图为维修中的圣克卢医院(Hôpital de Saint-Cloud)。

1919年9月10日，对奥和约签字典礼在圣日耳曼昂莱（Saint-Germain-en-Laye）的圣日曼宫（Château Vieux de Saint-Germain-en-Laye）举行，由是中国仍可成为新成立的国际联盟成员。图为圣日曼宫，今为国家文物博物馆（Musée des Antiquités Nationales）。

图片为陈占彪摄于2014年9月25日

SECTION VIII.—*Shantung*

ARTICLE 156.—Germany renounces, in favor of Japan, all her rights, titles, and privileges—particularly those concerning the territory of Kiao-Chau, railways, mines, and submarine cables, which she acquired in virtue of the treaty concluded by her with China on 6th March, 1898, and of all other arrangements relative to the Province of Shantung.

All German rights in the Tsing-tao-Tsinan-Fu railway, including its branch lines, together with its subsidiary property of all kinds, stations, shops, fixed and rolling stock, mines, plant, and material for the exploitation of the mines are and remain acquired by Japan, together with all rights and privileges attaching thereto.

The German State submarine cables from Tsing-tao to Shanghai and from Tsing-tao to Che Foo, with all the rights, privileges, and properties attaching thereto, are similarly acquired by Japan, free and clear of all charges and incumbrances.

ARTICLE 157.—The movable and immovable property owned by the German State in the territory of Kiao-Chau, as well as all the rights which Germany might claim in consequence of the works or improvements made or of the expenses incurred by her, directly or indirectly, in connection with this territory, are and remain acquired by Japan, free and clear of all charges and incumbrances.

ARTICLE 158.—Germany shall hand over to Japan within three months from the coming into force of the present treaty the archives, registers, plans, title deeds, and documents of every kind, wherever they may be, relating to the administration, whether civil, military, financial, judicial or other, of the territory of Kiao-Chau.

Within the same period Germany shall give particulars to Japan of all treaties, arrangements or agreements relating to the rights, title or privileges referred to in the two preceding articles.

图片选自 *Current History*, Vol.10, No.2, August, 1919

对德和约规定将德国在山东的权益让予日本。陆徵祥愤称,"种种失望,似尚不如始终中立,不入战团,不预和会"。图为对德和约中的有关山东的三项条款(*The German Peace Treaty*, Part Ⅴ Military, Naval, and Aerial Clauses, Section Ⅷ Shantung)

以往人们多从思想文化、社会运动等角度讨论五四,较少从政党的角度观照五四,更少从现代中国"擂台"上的两大最重要的政党——国共两党的对抗关系(当然也有联合,但这种联合也是斗争中的联合,即我们常说的,既联合又斗争)中讨论五四。那么,在国共两党对抗的态势下,五四精神又体现为什么?这里要着重探讨这一问题。

五四是内忧外患的特定历史时代的产物,因此,五四现象的凸显和五四精神的张扬,也与时代和历史的共鸣程度相关。自1937年全面抗战始,至1949年国民党全盘崩溃止,时代不同,社会主要矛盾不同,对五四的认知自然也不是一成不变的。

国共两党对五四的认识和态度是随着时代的变化而变化的,大致说来,在抗战初期,民族矛盾凸显,国共矛盾减缓,国共两党暂停内战,共同抗敌,一致高扬五四的"反帝精神"以抗日,两党对五四的看法和态度并无分歧。随着抗战胜利临近,特别是抗战胜利后,民族矛盾减弱和消除,国共矛盾强化和激化,五四的"反帝"精神让位于其"反(卖国)政府"精神,两党对五四的分歧越来越大,共产党更愿意从社会政治运动的角度来定义五四运动,而国民党更愿意从思想文化运动的角度来定义五四运动。与之相应的是,国共两党对五四态度亦不相同，共产党积极纪念，多见拥抱推崇之意；国民党消极回避，颇有畏葸忌恨之心。

青年节的设置和重置

国共两党对五四的认识和态度可从它们最终将五四设定为不同性质的纪念日中约略可知。共产党将之定为"青年节"，直至今日。国民党一开始将之定为"青年节"，继而将其废止，改"五四青年节"为"三二九青年节"，这一节日至今仍在台湾地区延续。

向蒋委员长和毛泽东同志献旗

五四过去两年后，1921 年 5 月 4 日，李大钊就号召"要把他当做一个纪念日"，这恐怕是将五四"节日化"的最早倡议，只不过，李氏将纪念日定位为中国学生界的"May Day"（"五一"）。真正将五四加以"节日化"要等到 1939 年五四运动二十周年之际，在国家层面上，五四被设定为"青年节"。

这与当时的时势相关。时值全面抗战初期，中国革命的对象一变而为日本帝国主义和汉奸。这时，虽然与五四的时代有所不同，面对的敌人也不尽相同，但是五四时期"外争国权，内除国贼"的精神和使命却完全相同。正如罗家伦所说："现在外争国权，便是反攻日寇，收复失地，内除国贼，便是消灭汪伪，肃清汉奸。"这时，五四精神与时代任务相当契合。

为了应对共同的敌人，国共两党暂时摒弃政见，团结御敌，皆以五四运动中"反日除奸"的爱国精神来激励青年服务抗战，报效国家，对付眼前亡国灭种的大难。是时，延安与重庆的青年不约而同地将五四设置为"青年节"。

在延安，陕甘宁边区西北青年救国联合会于1939年3月间正式向政府、社会、青年团体提议，将每年的5月4日定为"青年节"。中华青年救国团体联合办事处等团体于五四当日发表宣言称："五四的旗帜上写着：我们的唯一敌人就是日本帝国主义。我们一定要结成强大的统一战线，集中火力消灭它，并且一定能够消灭它！"[1]

我们都知道，毛泽东于5月4日即五四运动二十周年纪念暨首届青年节庆祝大会上发表了著名的、影响深远的题为《青年运动的方向》的讲演，除此之外，他还发表了一篇名为《五四运动》的纪念文章。

在毛泽东的演讲和文章中，他阐述了抗战时期中国革命的对象、性质和动力，总结了以往革命失败的教训，指明了当时革命的任务，并找到了实现此一任务之途径。现代中国革命的性质是"资产阶级性的民主主义的革命"。革命的对象是帝国主义和封建主义，在抗战特定时期，革命对象就成了日本帝国主义和汉奸。革命的主体是"中国的老百姓"。革命的动力，"有无产阶级，有农民阶级，还有其他阶级中一切愿意反帝反封建的人"，而这其中根本的力量，是占全国人口百分之九十的工人、农民。以往革命的教训在于没有"唤起民众"。于是，毛泽东为其时的青年提出这样的任务和要求："我希望他们认识中国革命的性质和动力，把自己的工作和工农民众结合起来，到工农民众中去，变为工农民众的宣传者和组织者。"[2]青年的任务就在于"一定要到工农群众中去，把占全国人口百分之九十的工农大众，动员起来，组织起来"[3]。可以说，到民众中去，结合民众，发动民众，组织民众是日后中国共产党克敌制胜之法宝。

在这次较为重要的五四运动二十周年暨首届青年节庆祝大会上，毛泽东不仅发表了《青年运动的方向》的演讲，而且还接受了延安市全体青年敬献的锦旗和献词。今天，我们有幸能从当年的《新中华报》中看到这次大会召开的具体情形。

庆祝大会于5月4日下午6时在抗大五大队操场举行，参加者有万余人。

> 大会程序，首先鸣炮升旗，全体肃立。继选出林主席、蒋委员长、毛泽东、朱德、王明、宋庆龄、李宗仁、阎锡山、林伯渠、沈钧儒、柯乐曼等十一人为大会名誉主席团。又选出冯文彬、艾思奇、胡耀邦、齐华、李昌、乔木、高朗山、流光……等廿三人为大会主席团。即由李昌同志领导向孙总理及蒋委员长肖像致最敬礼，并恭读总理遗嘱，后向抗战死难将士默哀三分钟。李昌同志致开幕词，适时正值青年最敬爱的领袖毛泽东同志莅会参加，全场起立，热烈鼓掌欢迎，即请其演讲，演词颇长，全场青年，倾耳静听，时报以热烈的掌声与高呼口号。毛泽东同志演讲完毕，即举行向蒋委员长及毛泽东同志献旗典礼，惟因蒋委员长远在重庆，故拟日后特派专人前往敬献。献旗开始，由几个健强英勇的青年高举火炬，由会场北端黑暗中出现，带着光明奔驰而来，全场兴奋起立，一致鼓掌欢呼。后跑步绕场三周，至主席台前向毛泽东同志举行献旗，并由一女同志朗诵献词（献词附后）。旗上书献给我们最敬爱的领袖毛泽东同志，中书新中国的火炬几个大字，下书延安市全体青年敬献等字样。毛泽东同志于微笑中举手向台下青年答礼。献旗完毕，又高唱中国青年进行曲。由冯文彬同志演讲后，抗大、工人学校亦各有同志登台演讲。演讲完毕，即通过大会宣言与

提案。大会乃告结束。

会后还举行了篝火晚会以示庆祝。大会中延安青年给毛泽东的献词全文如下:

亲爱的毛泽东同志:

我们延安市全体青年在纪念五四廿年周年及庆祝西青救成立二周年和首届中国青年节的大会上谨向您——中国革命领袖致崇高的敬意,并献旗一面,写着新中国的火炬!

您所领导的中国共产党是中国人民的救星。中共所提出的抗日民族统一战线政策是完全正确的,遵循着这个政策我们定能打到鸭绿江边,收复一切失地,粉碎日本帝国主义,而建立起独立、自由、幸福的新中华民主共和国!

中国共产党是青年的最好的朋友,我们青年时刻受到他的亲切爱护和热烈指导。中共对我们青年的帮助,使我们获得无限的自信心,去为了中国人民的彻底解放事业而奋斗到底!

毛泽东同志!我们向您宣誓:我们一定要用自己一切力量去实行您向我们青年所指示的任务——"把自己的工作与工农民众结合起来,到民众中去,变为民众的宣传者与组织者!"

希望您常常的指导我们。

祝您的健康!

延安市全体青年敬献[4]

在延安将五四设立为青年节的同时,在重庆的中国国民党三民主义青年团中央团部也吁请将五四定为青年节:"为纪念'五四'运动、发扬民族精神、号召全国青年肩负抗战建国重任起见,特规定自五月一日起七日止,为青年运动周,请中央通令全国以每年五月四日为青年节。"[5]

抗战初期，日寇凶焰正炽，我军"节节败退"，民族败类纷纷成立伪政权，中国的敌人就不光有外来的日寇，还有内部的奸伪。

1940年五四青年节纪念时，上海虽为日伪所控制，但还有"孤岛"之存在，故还能发出斥奸励志之声音。是时，国民党上海党部、三青团团部、上海市青年界廉耻运动委员会纷纷发表《告青年书》。

上海的各大中学学生响应"廉耻运动"，组织七十余个"励行团"，上海市青年界廉耻运动委员会亦发表《告同学书》，提出三点共相勖勉：

（一）发扬固有道德，坚树精神堡垒。"五四"运动以来，新文化勃兴，中国也怒吼了，可是一般士子，醉心欧化，摈弃了中国固有的精华。所以二十余年来，政治毫无进步，而且外来的侵略，一天加甚一天。其实我们对于新文化固应尽量接受，同时对于良好的旧道德，也应提倡发扬。礼义廉耻，是我们中国数千年文化之所系，方今奸恶横行，皆由于廉耻道丧之故。所以我辈青年，务须以礼义廉耻为思想行动的指针，排除物欲，坚定意志，以"白刃可蹈，爵禄可辞"的决心，加强利诱威胁的防御，务使魑魅魍魉绝迹于我们的四周。

（二）认清目标，确定前进趋向。我们要在目前伟大的时代中免于堕落，首先要明辨顺逆，识别是非，以确定自身前进的趋向。我们全市青年同学，过去努力此项工作，已有相当表现，惟此后应认清目标，沉着应付粉碎阴谋的侵袭。

（三）刻苦耐劳，励行节约运动。青年学生，处身孤岛，环境如此，固然是一种不幸，也是一种难得的光荣际遇。因环境给我们以苦难，同时也给我们以磨炼身心，砥砺志节的好场所。我们务须涤除旧习，刻苦淬厉，于日常生活中，养成整齐、清洁、简单、朴素之习惯，革除凌乱、污秽、繁复、奢侈之恶习，实践极端的节约与辛劳艰苦的生活，以挽救社会经济之衰落。狂暴的风雨，正在孤岛激荡着，悖理的压迫和惨酷的摧残，踵接而来。我们要维护正义，在各种腐恶势力的夹攻之下，抗御挣扎，以完成神圣的历史使命。[6]

除了第二、三条外，第一条"发扬固有道德，坚树精神堡垒"，与其说是继承五四精神，毋宁说是克服五四"毛病"，这是由国民党一贯的民族主义政治立场与保守主义的文化立场所决定的。

可以说，抗战初期，为鼓舞青年、发动青年，借五四以"抗日除奸"是日寇祸华、群丑横行、中国亡国灭种之际国共两党的共识。

"人民却偏不肯忘记五四"

1940年3月30日，南北各路奸伪同流合污，以汪精卫为首的全国性的伪政权在南京成立。1943年4月29日，在南京伪政府举行"最高国防会议"第十三次会议上，通过"由国民政府命令规定五月五日为青年节案"的决议，明令将每年五月五日定为青年节。汪伪选定5月5日，即1921年孙中山于广州就职"非常大总统"纪念日为青年节，妄图将自己组织伪政府的劣迹与孙中山当年的义行相提并论，其涂脂抹粉之意显而易见。

而到抗战后期，民族矛盾缓和，国共矛盾上升，国民党也对"五四"嫌怨日增，终于在1944年废除五四青年节，将3月29日（即1911年3月29日黄花岗七十二烈士殉国日。按，黄花岗起义为农历三月二十九日，公历则是4月27日，后来以公历3月29日来作为当年农历三月二十九日纪念日）定为青年节。"三二九"本来是

"革命先烈纪念日"（即"黄花节"），这时，"青年节"与"革命先烈纪念日"合二为一。于是，原来的"五四青年节"变成了"三二九青年节"。同年，中华全国文艺界抗敌协会第六年年会决定将5月4日改为"文艺节"。

国民党改青年节的原因正在于五四运动的"反政府精神"："也许因为五四运动是学生反对政府的运动。二十几年来，政府虽然换过几个，在怕人民反对这一点上，却并无二致。但是人民却偏不肯忘记五四，从去年（按，1945年）起，定五月四日叫做'文艺节'——因为新文艺运动也是五四开的端。"[7] 1945年抗战胜利，"中华全国文艺界抗敌协会"改称"中华全国文艺协会"。五四被节日化为"文艺节"。

1945年5月4日，中国文艺界首次庆祝五四"文艺节"。中华全国文艺界抗敌协会总会于是日发表《为纪念文艺节公启》，强调了文艺介入社会的传统和使命："本会认为：中国人民在五四运动中的觉醒，本质上当然是在政治意识上的觉醒，但它却是在文化运动，特别是文艺运动里面取得了最尖端的表现的。在五四之前，文化、文艺运动替它开辟了道路，在五四之后，文化、文艺运动担负了艰苦的持久的斗争。"该公启提出三点建议：

> 本会建议：文艺是人民的心灵的声音，文艺节的纪念应该放在人民的争取民主生活的伟大的斗争目标上面。
>
> 本会建议：文艺是人民的事业，文艺节的纪念应该愈广泛愈好，在文艺节之前要展开一个广泛的运动，要动员一切文艺社团、文艺工作者、文艺爱好者，用各种形式的工作参加，一直到农工大众里面。
>
> 本会建议：文艺的对于民族、对于人民的服务，非通过文

艺本身的发展力量不可。文艺节的纪念应该诚恳地检讨过去的成果，特别着重在和人民的解放要求的结合这一点上，使新文艺能够真正争取到广泛的发展和伟大的前途。[8]

郑振铎也发文强调将五四定为文艺节，"说明了文艺工作和政治运动，思想运动是分不开的。文艺家绝对的不能把自己关闭在象牙塔里，在做着白日梦"。他几乎用口号式的语句写道：

> 发扬"五四"的精神！为民主运动而争斗！
> "文艺节"给我们以一种警惕和鼓励！
> 我们要记住：文艺运动和民主运动是分不开的！
> 争斗正在进行着！文艺作家们要奋身的投入这个争斗中，为人民的一员，为民运动而不停不息的争斗着！
> "文艺节"在今日是更具有一种特殊的意义的！[9]

1946年5月4日，由中华全国文艺协会总会发表的郭沫若起草的《纪念第二届"五四"文艺节告全国文艺工作者》中称，文艺是"极犀利的政治斗争的武器"，"为人民大众服务，实现和平民主的要求，这应该是我们的基本原则"[10]，号召一切文艺工作者都应朝着实现和平民主的目标前进和奋斗。

同年，中华文艺协会港粤分会也发表宣言，号召文艺家站在人民的一边，"我们要挥动我们的笔，对于那些残害百姓，剥削人民，贪污腐化，天天高谈仁义，而行为卑鄙的人们，那些迷信武力，唯恐世界不乱，以发动战争为维持自己地位和特权的人们要表现其无比的憎恨，对于那些为祖国的自由和人民的幸福而流尽最后一滴血的人们，对于那些牺牲自己的幸福，把所有的时间和精力都贡献给大众的人们要表现其无比的爱"[11]。

同年,郑振铎仍然重复一年前的话,号召文艺家走出象牙塔,争民主,争和平。"今日的世界,已经不允许文艺作家们自己关闭在象牙塔里了——其实,从来也不曾关闭过。不为人民大众而工作,便要为反和平、反民主而工作。""我们纪念'文艺节',我们要继续的争斗下去,要争取'和平',争取'民主',争取'五四'的要求:'科学与民主'!"[12]从中可见五四是"文艺节其形,青年节其实"。

1947年解放战争进行之际,许杰甚至说:"我们对外是要和反民主的势力斗争,而造成了一种运动。运动的重要性,是不下于创作。主持文艺节的文艺协会,就应当发挥这种领导的作用。"[13]文艺家不搞文艺,而要搞运动,足见在许杰的眼中,文艺节其实就是青年节。当然,这时,即使在形式上,仍有人以五四为青年节的[14]。

许杰建议文艺协会领导大家搞运动,当然文人能起的作用还是笔。文艺家不光是"走出象牙塔",而且要实践毛泽东在延安文艺座谈会上讲话中所说的"为谁写""怎样写"的问题。1947年,边区文联、边区文协分会于五四纪念时号召文艺家要"面向工农兵、与工农兵结合",并举了解放区这种为工农兵服务的"新文化"的范例:"我们的农民作家赵树理同志如此辉煌的成就,为解放区文艺界大放光彩,提供了值得我们很好学习的方面。尤其是经过土地改革,广大群众翻身后展开自唱自乐的文艺运动,大踏步地走进文艺领域来,带来了一片新气象!而前线战斗中也还有自士兵群众中生长起来的,像李文波营长那样优秀的通讯员……这种种事实,都足以证明与工农兵群众结合后的新文化、新文艺一定有非常灿烂的前途!"[15]可以说,这是中共在文艺方面的理论创新和实践创新。

随着国民党政府的崩溃和败逃台岛,1949年10月1日,中华人民共和国宣告成立,12月24日,政务院举行十二次会议通过了关于统一全国年节和纪念日放假的办法并公布实施，正式规定 5 月 4 日为青年节[16]。1950 年，中国新民主主义青年团中央委员会常委会决定以 5 月 4 日中国青年节同时作为青年团成立纪念日[17]。这一节日延续至今。

国共两党将"五四"定义为不同性质的节日，"虽然这并不意味着共产党把这个运动仅仅看作是一个青年运动，而国民党把它仅仅看作是具有文学意义的运动事件。但是这个插曲的确说明了他们对五四运动意义所持的不同观点"[18]。这不同的五四观就是：在野的共产党更愿意从社会政治运动的角度来定义五四运动，而在朝的国民党更愿意从思想文化运动的角度来定义五四运动。

"反卖国政府"精神的潜伏、涌动和爆发

我们知道，五四运动的口号是"外争主权，内除国贼"，反帝国主义（以日本为直接反抗对象，包括对日妥协的法、英、美等国）和反卖国贼（以曹、陆、章为直接反抗对象，包括准备妥协的北洋政府）是五四的主要任务。也就是说，五四是一场"反帝和反卖国政府的斗争"的社会政治运动。

"他们"对于学生的希望

对这么一场社会政治运动，向来就是"有人欢喜有人愁"。五四运动之后不久，我们就看到，有人号召青年继续发扬五四青年勇于行动的精神，参与社会政治活动，而有人则劝导学生远离实际的社会政治运动，专心向学。

在学生因大规模演讲而被捕后的 1919 年 6 月 9 日，陈独秀就起草了《北京市民宣言》（由胡适翻译成英文）。在这个宣言中，他对政府提出包括"取消步兵统领及警备司令两机关"等五条"最后最低之要求"，并称："倘政府不顾和平，不完全听从市民之希望，我等学生，商人，劳工，军人等，惟有直接行动，以图根本之改造。"后来陈独秀因散发这种鼓动民众直接行动的传单而被捕，各界名流纷纷为他求情，京师警察厅总监吴炳湘批复曰："似此言论，直欲煽惑而超人民之暴动。按诸刑律，实犯第二百二十一条之罪。本厅负维持治安之责，亟须侦究，以保公安。"

1920 年 4 月 22 日，陈独秀在中国公学演讲时称，五四爱国运动之所以不同于以往爱国运动，其中有一点便是它的"直接行动"的精神。所谓"直接行动"，"就是人民对于社会国家的黑暗，由人民直接行动，加以制裁，不诉诸法律，不利用特殊势力，不依赖代表。因为法律是强权的护持，特殊势力是民权的仇敌，代议员是欺骗者，决不能代表公众的意见"。付诸"直接行动"，正是五四的一个显著特征。

1923 年，另一位五四风云人物李大钊在五四纪念演讲中也对学生说，五四纪念日"是学生加入政治运动之纪念日，也是学生整顿政风的纪念日"。我们向来只闻"政府整顿学风"，不闻"学生整顿政风"，他号召学生从两件事上努力去做："（一）组织民众，以为达到大革命之工具（按，这和日后毛泽东号召青年'到民众中去'如出一辙）；（二）对现政局［府］立于弹劾的地位，因为我们先［光］组织民众是不行的，他们是可以破坏我们组织民众的事业。"在李大钊眼中，五四"政治运动"（"整顿政风"）的性质定位和其"反卖国政府"（"立于弹劾的地位"）的特质，也是显而易见的。

与上述二人高度肯定和倡扬五四的"实际行动"精神相对的是，我们也能看到以胡适为代表的另一股劝导青年不要从事社会政治运动的力量。1920年5月4日五四一周年纪念日，胡适、蒋梦麟在《晨报》上联名发表《我们对于学生的希望》一文，一面表示理解运动的合理性，一面又强调运动的特殊性："但是我们不要忘记，这种运动是非常的事，是变态的社会里不得已的事。但是他又是很不经济的不幸事，因为是不得已，故他的发生是可以原谅的；因为是很不经济的不幸事，故这种运动是暂时不得已的救急办法，却不可长期存在的。"他们劝说学生要改变学生活动的方向，把"'五四'和'六三'的精神用到学校内外有益有用的学生活动上去"："我们对于学生的希望，简单说来，只有一句话：'我们希望学生从今以后要注重课堂里，自修室里，操场上，课余时间里的学生活动。只有这种学生活动是能持久又最有功效的学生运动。'"他们所谓的学生活动有三个部分，即学问的生活、团体的生活、社会服务的生活。远离社会运动，专心学习生活，是"胡适们"对青年的希望。

可见，对五四这场社会政治运动，五四青年的"老师辈们"观念分歧，态度迥异。日后，国共两党对五四运动不同的看法和态度亦是此一分歧的延续。

"反帝"精神压倒"反政府"精神

我们说，五四运动是一场"反帝和反卖国政府的斗争"，很大程度上，五四的"反（卖国）政府"之一面要大于"反帝"之一面，因为"反帝"最终也是要通过"反政府"（对现政权的施压）来实现的。

抗战初期，民族矛盾上升为主要矛盾。"国家民族利益高于一切"，日寇成为国共两党、中华民族的共同的敌人，也正是这极其凶顽危险的民族敌人，置国家民族于"最危险的时刻"，才使得国共两党暂时搁置争斗，共同御敌。

这时，五四精神的"反帝"精神压倒了"反政府"精神。青年不唯不反政府，而且"拥护政府"，对于政治，"已从怀疑转到承认，从指摘转到认同，从否定转到肯定"。朱谦之就说："在'五四'时代，民众和卖国政府采取对立的态度，学生救国而政府卖国，所以要用'暴动'的手段来攻击政府。现在民众和政府一致，齐心救国，所以今后的学生救国运动，应该和政府合作，在合作中得到力量。"在政府积极抗日的前提下，学生不光认同政府、拥护政府，而且开始反省和克服五四中的"个人主义的盛行，团体纪律废弛"以及自由、解放这样的"缺点"[19]，自由让位于纪律，散漫让位于集中，个人利益让位于国家利益、民族利益。"为国家尽忠，为民族尽孝"，"作国家民族的孝子贤孙"成为时代的必然要求。

政府也加强了对青年的领导工作。1938年国民党临时全国代表大会一致决议，组织三民主义青年团，蒋介石亲自担任团长，是为中国青年组织和训练唯一的最高机构。以三民主义青年团来达到训练青年、团结青年，"统一青年的意志，集中青年的力量"的目的。这弥补了五四运动中缺少一个"坚强有力的组织"的缺点。而一向与国民党处于对立地位的共产党也开始强调团结、拥护政府。1938年五四纪念日，《新华日报》发表社论称："回顾十九年前，我们的先驱者在卖国政府的刀棍摧残下奋斗，我们愈应巩固国内团结，拥护政府，积极参加抗战，以血肉头颅来换取抗战的胜利，来完成五四的事业——反对日寇侵略，争取中华民族解放。"

1939年3月11日，国民党在国防最高委员会设立精神总动员会，由蒋介石任会长，公布《国民精神总动员纲领》，提出了三个基本原则：国家至上，民族至上；军事第一，胜利第一；意志集中，力量集中。这虽然有"对付共产党"的因素，但主要还是针对日寇的。对此一纲领，共产党亦予以积极响应。4月29日，毛泽东就说，中国需要全国总动员，"共产党历来号召全国总动员的"。5月1日，毛泽东发表《国民精神总动员的政治方向》的讲话，称"为了争取最后的胜利，就要改造全国国民的精神，把一切不好的东西统统去掉"[20]。

借五四的"反帝"精神以抗日，国共两党并无分歧，于是，我们看到两党对将五四定为"青年节"并无分歧。特别是国民党，虽然吃过五四的"苦头"，如"一二·九"运动，但仍能在抗战初期接受五四运动。

"×朝忌避五四的社会革命的精神"

然而，毕竟五四除了"反帝"精神，还有"反（卖国）政府"的精神，而且这后一种精神更为"根本"，对执政的国民党来说，五四无异于一枚"定时炸弹"。

毛泽东就明确指出："五四运动所反对的是卖国政府，是勾结帝国主义出卖民族利益的政府，是压迫人民的政府。这样的政府要不要反对呢？假使不要反对的话，那末，五四运动就是错的。这是很明白的，这样的政府一定要反对，卖国政府应该打倒。""五四运动正是做了反对卖国政府的工作,所以它是革命的运动。全中国的青年,应该这样去认识五四运动。"毛泽东明确提出"反对卖国政府"这一五四精神,并让大家"应该这样去认识五四运动"。

抗战后期,日本帝国主义开始走向末路,民族矛盾日渐缓和,国共矛盾日益凸显,对国民党来说,"五四"这枚"定时炸弹"的危险性越来越大,于是干脆在1944年将五四青年节一废了之。沈云龙说:"自'五四'爱国运动与北京政府抗争外交而获胜利结果后,流风所被,青年学生之干预政治活动,往往引为模式,尤而效之,如民十四之'五卅',民十五之'三一八',民廿四之'一二·九'等皆是,其间因素复杂,与'五四'不可同日而语,尤不可推源祸始,以'五四'为鉴戒,乃至改'五四'纪念日为文艺节,以冲淡其政治性,虽属不得已之措施,但却忽视甚而抹杀了它的历史价值。"虽不能归咎五四,但也不能不归咎五四,于是,以文艺性来冲淡政治性,正是改青年节为文艺节的初衷。

1957年,身在台湾的殷海光说道:"近七八年来,这个日子(按,指五四)居然成了不祥的记号。大多数青年竟不知有此节日。少数明白事理的学人只把它藏在心里。五四纪念日,只好在默念中过去。"他说这是"开倒车的复古主义与现实权力二者互相导演之结果",至于现实权力憎恶五四运动的原因,共有三条:

> 第一,最核心而又基层的原因也是由于五四运动掀起一股反权威的心理状态。非民主的权力之维持,主要地是靠着权威。五四运动所掀起的心理状态既是反权威的,宜乎其为现实权力所憎恶。第二,现实权力是靠维持现状而存在。它不能随着社

会一起走向新生与进步。随着社会一起向新生与进步，就会使其自身在新生与进步过程中受到实质的"扬弃"。所以，现实权力为了维护自身的存在，必须多方设法阻抑社会的进步。而五四运动是中国现代推动新生与进步之最具代表作用的运动。因此，现实权力憎恶五四运动。第三，近几十年来几个大的群众运动中产生了几个绝对权力。这几个绝对权力要向群众证明确有其存在的理由，必须各找对象来打来恨：他们不是说法国人可恶，就是说犹太人该杀；不是说犹太人该杀，就是说帝国主义者包围；不是反英，便是反美……这都是藉制造对外敌忾而转移对内注意力以维持其统治的手法。如果对外的强大敌人无可反对，或地理远隔时，就在近处找个弱小的目标下手，把一切过失责任诿之于这个目标，让那在无可奈何之中的人众集矢于这个牺牲品，发泄心中无处可以发泄的一般怨毒之气。近七八年来，五四运动、民主、自由，就做了这一策略之下的牺牲品。[21]

这最核心而又基层的原因，即五四运动会掀起一股"反权威"的心理状态，即五四的"反（卖国）政府精神"。

1948年5月1日，郭沫若说："抗战初期，在武汉时代，曾规定五四为'青年节'，但因×朝忌避五四的社会革命的精神，到了重庆时代便把三月廿九日黄花岗纪念日改定为青年节，并企图把五四这个节日废掉。甚至纪念五四都成了违法的行为了。"而且，光用文艺来定义五四，实在是将五四的意义说小了，"五四的重大课题，文艺家也担负不完，不能包办"。事实的确如是，不论青年的行动精神，而只强调其思想文化的一面，的确是舍本逐末。

1949年，臧克家也说到国民党改废掉五四青年节的真正原因在于"他们本身恰好就是革命的对象"。他说："把'五四'定为'青年节'是极为恰当的，这是青年们政治意识大觉醒的一天，也是以血肉作代价，给后来的青年运动开创了反帝反封建的一个光荣传统的一天。但是在蒋管区里，反动政府却是不敢承认它。硬把'青年节'拉到三月二十九去。因为他怕这个革命的日子，他们本身恰好就是革命的对象！——在帝国主义卵翼之下的封建官僚集团。"

反抗国内的法西斯压迫者

特别是抗战胜利后，民族矛盾得以解决，国共矛盾开始激化，在五四"反政府"精神的鼓舞和示范下，要民主、反独裁的学潮风起云涌、此起彼伏，国民党政府焦头烂额、疲于应付。

我们从当年的报刊中可以看到共产党借用五四以鼓舞青年站在争取民主和自由的第一线，反抗"国内的法西斯压迫者"的情形。

1946年5月4日，《解放日报》发表社论称："'五四'已过去二十七年了，民主与科学的旗帜仍然是辉煌的。完全推翻中国法西斯的压迫，争取全国的民主，打碎思想统制，使得中国完全新生，这是一切民主人士、进步人士的严重任务。"号召中国的青年再接再厉，为民主、自由而斗争。"历史证明：中国青年是不可征服的。'五四'以来，他们反抗外来的法西斯侵略者，反抗国内的法西斯压迫者，站在英勇斗争的最前线，不愧为中华民族的优秀儿女。今天，中国青年更要再接再厉起来。"1946年11月17日，《新华日报》发表社论纪念第五届世界学生日，以针砭国民党当局对学潮的镇压，高度评价五四以来近三十年来的学生运动："'五四'运动以来30年的中国史,就是学生爱国运动与人民自主运动密切结合的历史,就是学生运动充作人民运动的先锋和辅助军的历史。在一代的时间内,中国学生用自己的血、泪和汗写下了中国民族民主运动史上光辉的史页,也是世界革命史上特出的史页。事实证明:中国学生将一本过去传统的爱国精神,继续为自己祖国的独立自主和民主自由而努力,也就是为世界和平而努力。"

无疑,对国民党来说,对五四之忌恨就更深一层了!每逢五四,国民党不得不绷紧神经,紧张应对。

1948年5月4日,郭沫若说:"有几年光景,'五四'成为了禁日,只好偷偷的被纪念。谁要纪念'五四',谁就是'异党份子',有资格进集中营或劳动营的。"1949年的欧阳予倩长吁一气说:"'五四'运动到现在已经过了三十年了,每年纪念'五四'都在特务监视和威胁之下,甚至还受着迫害与中伤,今年甚么话都可以畅所欲言了。"

对于纪念五四,国民党可谓风声鹤唳、积极防范。1947年,"报上说南京在冷静中度过了五四,中大门口附近有很多的警备车,似乎说五四不应纪念"[22]。一面警惕,一面破坏,冯友兰也说:"在抗日战争的时候,他们也要定一个青年节,可是不敢定五四为青年节。不但不敢以五四为青年节,并且不敢教各学校纪念五四。当时西南联合大学在昆明,每年到五四,就以开春季运动大会为名,放假一天,以为纪念。国民党反动派为什么怕五四?因为它'过激'。"[23]

而在1945年5月4日,国民党更是声称成功地化解了一场中共企图借"五四"纪念发动学潮的"阴谋"。据称,军统局潜伏在

"民盟"内部的工作人员拿到一份文件，该文件是中共从延安所发、指示"民盟"在昆明借纪念"五四"来制造"民主学潮"的计划纲要。由于预先得知此次"五四"纪念的计划，国民党"以政战对抗政战"，最终"化解于无形"。"五四"的"反政府"传统的力量由此可见一斑。

此外，国民党甚至还派负有特定政治使命的"学生"潜伏于大学，以便在学校造成"清一色的空气"。"在今日若干的大学里，潜伏着少数有组织的学生。他们之来校，是负有特定政治使命的。目前的现实，的确令人气闷，尤其令知识青年不满。少数有组织而负有特定政治使命的学生就在知识青年底这种不满情绪上播散其政治种子，这种播散运动如欲有所成效，必须严格地造成观念形态的统一，即使全校师生共同一致地主张什么、排拒什么，而不能主张其他、排拒其他。彼等穷年累月有计划地利用一切机会作此类宣传，久而久之，清一色的空气便为之造成。"[24] 国民党统一思想的"良苦用心"，从中可见一斑。

"墙倒众人推。"国民党的政权就在这轰轰烈烈的学生运动中倾覆。以至于在台湾，有人甚至得出了五四运动是"近六十年一切动乱的开始"这样的结论。这样的论调看似奇怪，但从国民党政权吃尽五四的"苦头"，对"五四"避之唯恐不及的情形来看，就不难理解了。

然而，五四运动毕竟是光荣的、正义的、伟大的，就是连五四运动中人人喊杀、其时住宅被焚毁、终生背"卖国贼"之恶名的曹汝霖也能接受和理解。对于五四乃"动乱"之祸根这一说法，沈云龙就说这未免近于"欲加之罪，何患无辞"了！

从 1937 年全面抗战到 1949 年国民党崩溃的十三年时间中，

随着民族矛盾、国共矛盾的消长起伏，国共关系经历了从"国共联合"到"国共摩擦"再到"国共对决"的阶段，与此相对应的五四的"反政府"力量也经历了从"潜伏"到"涌动"再到"爆发"的阶段，而国民党对五四的态度也经历了从最初的肯定五四以抗日救国，到废除五四以转移焦点，再到防范五四以维持统治的阶段。

国民党的"五四批判"

正是五四的"反政府"精神，使得五四对国民党而言，无异于"眼中钉"，颇有畏葸忌恨之心。

针对中共推崇五四，国民党开始"批判五四"，其批判的对象是"五四'反政府'精神示范、鼓舞下的学生运动"。因此，这种五四批判就分为针对学生运动的批判，我们称之为"间接的五四批判"，与针对五四运动的批判，我们称之为"直接的五四批判"。

"时代变迁论"与"远离政治论"

国民党首先要面对的是风起云涌的"学生运动"。今天之时代不同于往昔之时代的"时代变迁论"和青年应当"远离政治论"就成为扑灭"反政府"之失火的急策。

1943年，当年的五四学生重要领袖傅斯年，打破从来不谈五四的习惯，开始纪念五四，他说，"若说当年学生不该反对政府，则请勿忘当年政府正是穷凶极恶的北洋系、安福系。若问当年学生何以闹学潮，则亦是一种自然界之公式而已。昔日之事未必即可为今日之师，故今日自然绝不该是反政府闹学潮的时代，但，也不要忘了当年情景不同，若以今日之不当如此，岂是历史学之公道？"一言以蔽之，过去的政府当反，今天的政府不当反，不应以昔日之事为今日之师，亦不应以今日之事论昔日之过。

一年后的 1944 年，傅斯年又著文纪念五四运动 25 周年，他虽没明确谈及当年和当下学生"反政府"的情形，而着重谈"为科学研究科学"，但他强调的却是五四的"消极方面的成就比积极方面的多"。他说，五四已过去 25 年了，"若有人在今天依旧全称的、无择的讴歌'五四'，自是犯了不知世界演进、国家演进的愚蠢，其情可怜"。

后来，傅斯年在西南联大一次教授会上痛骂学生运动，有人就反问他：那么为什么傅先生在五四时那样起劲？他说，"别提了！现在回忆起来，那完全是幼稚！"[25] 这生动地、明确地体现了傅斯年对学生运动，或者说当时国民党统治下风起云涌的学生运动所持的态度。

傅斯年从两面立论，语意委婉地劝学生莫以五四为师，而身为党国要员的潘公展则明确告诉青年，今天的时代不同于过去的时代，今天的政府亦不同于过去之政府，"决无因袭二十年前陈法之必要"。潘公展说："故时代一经转变，青年运动断不能泥守成规，时代既已演进，青年运动尤须追上时代，庶几不致落伍或竟与时代背道而驰。""纪念五四，我们应该发挥青年为国家民族而牺牲奋斗的精神，但今日如何运用此种宝贵精神方能有益于当前的国家民族，则决无因袭二十年前陈法之必要。在往日，当权的是卖国官僚，自然应奋不顾身，直接起来打倒他们，而在今日，则举国一致在最高领袖领导之下抗战建国，青年们除了'意志集中，力量集中'，真切信仰三民主义,绝对服从国民政府,与敌人汉奸作殊死战以外,试问更有何途可走?"

而另一"党国大员"陈诚于1948年发表《告革命青年》纪念五四时,先述时代之不同,继谈青年的责任。他称:"社会的变革与历史的进展,使我们青年今日所处的环境与'五四'时代完全两样了,而今日中国青年对于革命所负的责任,也是完全不同。"这个时代的使命是求第二期国民革命的完成,而为达这历史任务的完成,"首先全国青年要深刻了解国家之统一与民族之独立,为现代中国一切问题最基本的前提,惟有求得统一与独立,才能保持中华民族五千年光荣的历史,创造富强康乐的三民主义新中国"。这显然针对其时中国"不统一",青年"反政府"而言。

青年不仅不该反对政府,而且最好远离政治。为救国府于"五四之水火",除了"时代变迁论"之外,还有人大讲"远离政治论"的道理。

1947年,梁实秋著文《学生与政治》纪念五四,为政府辩护,对学生发不满:

> 至于实际政治,我不但不主张防止学生过问,而且还主张特别鼓励学生去研究,但是我不赞成学生荒废了读书的正业,而去参加,"读书不忘救国","救国不忘读书"固然是良好的格言,究竟只是"不忘"而已,同时并行,究竟是难能的。"九一八"之后,各地学生发生请愿风潮,如火如荼,当时政府隐忍自重,几不能见谅于人,及抗战军兴,前方浴血的是士兵,后[方]生产的是老百姓,当初摇旗呐喊的,而今安在?假使革命暴动是政治活动唯一的方式,那么青年学生是颇忧为之的,

> 假使政治不应做这样狭义解，而正常的政治活动，应该解为一种和平的，建设的，为公共谋福利的努力，那么我们中国人虽是比较的寿命较短，而成就较早，似乎也还不至于需要一二十岁的青年学生去担当政治的责任吧！

在他看来，青年可以关心政治，但仅止于关心，不可从事，只能看，不能干；尤其反对从事"革命暴动"的政治，因为他之所谓政治是一种平和的、建设的、为公共谋福利的"正常的"政治。这自然是站在统治者一面而立论的。政治不能理解为暴力革命，而应当是和平建设，这也没错，然而这种平和的政治也拒绝青年来插手，就有点蛮不讲理了。

与梁实秋观点相似的是陈诚，陈诚说："我们要认清现在与未来的革命责任。青年主要的革命责任，是在未来，而不是现在。因为现在革命的责任，已经由我们的长辈担负着。国家对青年最大的期望，是要求青年承先启后，继往开来，继续革命先烈的遗志，为久远而艰巨的建国事业而努力。"这与梁实秋所说的"似乎也还不至于需要一二十岁的青年学生去担当政治的责任"何其相似。须知革命的责任"已经由我们的长辈担负着"，青年不必"凑热闹"。但那应当有个前提，就是政治"非常清明"，如果这样，由中年人负责政治，少年安心读书，理所当然。陈诚又说："我们要了解目前青年运动的特点，是建设的，统一的，积极的，不是破坏的，消极的。"这又和梁实秋所云"正常的政治活动，应该解为一种和平的，建设的，为公共谋福利的努力"何其相似。

1947年，陈果夫、邱培豪出版的《中华国民生活历》提到5月4日时，这样说道："五四运动，诚为学生爱国之光荣史绩，但青年尚在求学时代，非必要时，不宜荒废学业，作政治运动，故今后为资纪念起见，只须致力骑射，与提倡国货可矣。"[26] 对五四运动做了"避实就虚"的处理。

陶愚川更是声称：

> 学生参加政治运动，当然是可以的；但是我们要认清：大凡一个人要参加政治争斗或社会争斗，对于实际的社会状况和政治学识，必定要有一番深切的研究，以一个未出校门的学生，如何能够做到这层工夫呢？……未成年的青年学子，基本的知识未备，即个人的生活，亦不能离成年者之保佐而独立，何况国家社会的大事，怎可听他们去自由行动。这不特将民族可爱可宝的生命付之无代价之牺牲，亦直是以国家社会全体之生命作儿戏的实验品。以目前中国情形而论，文化落后，经济落后，国民的身体精神无不衰弱，唯一的希望，就在后起的青年；然在培养保护的时代，不教以正当的学问，导以正当的道途，使其身体精神，得遂其自然而健全之发展，乃欲付以成年者所不能胜任之工作，此岂以救己，适足以召灭亡之祸而已！

你国民党有种骂骂五四看

"时代变迁论"最多是说五四的误用，"远离政治论"最多是指桑而骂槐，这都是间接的五四批判；最有力的批判莫过于对五四运动本身以直接的批判。

对国民党来说，五四运动，真乃一"烫手山芋"，既"吃不消"，又"不敢骂"。因为国民党何曾不知五四之纯洁、高尚和伟大，它就曾高度赞颂五四运动"为吾国政史上国民意识集合表现之一创端，同时亦为近年民族运动之一壮举,此为任何人所不能否认者"[27]。不是说五四不能批判,五四也不是完美到没有可批判之处,问题在于,对国民党来说,要最终落脚在对五四的"反政府"精神的批判上,即敢把学生运动的幕后"元凶"五四拉出来批判,就不仅要言之有理(站得住脚),更需要一定的勇气。

1947年编辑出版的《五四运动资料特辑》(新时代出版社1947年版)就汇编了陈诚、叶楚伧、朱光潜、贺麟、简贯三、潘公展、郑学稼、梁实秋、傅孟真、冯大麟等九人的九篇文章对"五四运动"作一"系统的批判"。编者声称读者从其内容"可以看出'五四运动'的价值,也可以认清'五四运动'在政治运动和文化运动两方面所表现的缺点,特别是可以认清她在文化运动方面所表现的缺点"。注意,要批判五四的政治运动的缺点,只能从其枝节上吹毛求疵,无法从根本上动摇,但要批判其文化运动,国民党却是有话要说,因为新文化运动与国民党的民族主义和保守主义倾向格格不入。为显批判的"非国民党"立场,该书称所选作者不属任何党派者占十之六七,"期能从客观与学术立场分析'五四运动'的内容"。通过批判五四,"使一般青年认识今日之时代,已非'五四'之时代可比,'五四运动'之口号,已不足以充作现阶段青年运动的纲领,更不足以满足建国时期国家民族对青年的需求,同时使一般青年充分了解,由于时代的进步,三民主义青年团成立后对青年运动的领导,实在已经远非'五四'时代的青年运动所可比拟了"[28]。也就是说五四是有缺点的,因此五四是过时的。

国民党指出造成这"万恶"的学生运动正是五四"间接"产生的"坏影响"。"至由五四运动间接所产生之坏影响亦殊不甚少,自五四运动以后,学生自视几若天之骄子,风习嚣张,学潮迭起,求学时期，群趋政治之活动，冀为毕业后求出路，正当之学业，则不遑计及。什[此]种情形，十余年来，寝假为全国学界之普遍现象，能不令人深深慨叹哉？"[29]造成"坏"的影响，岂能有好的榜样作用？

而这又是新文化运动中所提倡的自由、解放、民主等的"遗毒"。1941年，蒋介石在《哲学与教育对于青年的关系》演讲中，除了肯定白话文"略有"工具性的贡献以外，对新文化运动予以猛烈的批判。他说：

> 我们试看当时所谓新文化运动，究竟是指的什么？就当时一般实际情形来观察，我们实在看不出他具体的内容。是不是提倡白话文就是新文化运动？是不是零星介绍一些西洋文艺就是新文化运动？是不是推翻礼教，否定本国历史就是新文化运动？是不是只求解放自身，不顾国家社会就是新文化运动？是不是打破一切纪律、扩张个人自由就是新文化运动？是不是盲目崇拜外国，毫无别择的介绍和接受外来文化就是新文化运动？如果是这样，那我们所要的新文化，实在是太幼稚太便易，而且是太危险了！老实说：当时除了白话文对于文学与思想工具略有所贡献以外，其他简直无所谓新文化。当时所有的新文化运动在他所标揭的'民主'与'科学'两大目标来说，其本身简直是完全失败！不仅失败，而且将我们中国固有高尚的道德与伦理哲学，完全鄙弃，由是不三不四的思想与各种异端邪说，一齐传布出来，反而使中国真正的文化，有陷于无形消灭的危险！

这几乎是对新文化运动彻底的否定，在蒋的眼里，新文化运动为祸中华，一无是处，切齿之声隔纸可闻。

特别是1949年国民党败退台岛后，蒋更是直抒胸臆，"败后吐怨言"。1951年，蒋介石在作《教育与革命建国的关系》的演讲时说："从前五四运动，是以'民主'与'科学'为口号的……只可惜我们过去很少有人去深切研究其内容，民主的基础究竟是什么？科学的精神究竟在哪里？……因之我们所谈的'民主'，只是没有分际的民主；所谈的科学，只是没有实质的科学。于是'民主'与'科学'失其精神的依据；所以后来就越发走了样，竟以虚假的民主，来斫丧国民的民族精神；以伪装的科学，来麻醉青年的思想，戕贼国民的人性……""没有分际的民主""虚假的民主"正是"独裁的"国民党所痛恨的。

相对于间接的五四批判，直接的五四批判难度更大、挑战性更大，因此也显得相对薄弱。

国民党的五四阐释

不同个人、团体、党派的五四观可谓多矣，但真正能上升为理论的鲜矣，百年来，无疑共产党的五四理论影响广大且深远。

"链条之一环"和"洪流之一支"

共产党对五四的阐释要解决两个问题：第一，共产党（准确地说是正式成立之前的共产党）之于五四的发生起了什么样的作用？第二，五四对日后共产党的建立起了什么样的作用？

1940年，毛泽东在《新民主主义论》中论及中国文化革命的四个时期时给出了这两个问题的标准答案。那就是：五四是在当时世界革命、俄国革命、列宁的号召之下发生的，五四在思想上和干部

上为中国共产党的成立做了准备,即"俄国革命感召论"和"中共建党准备论"。原话是这样说的:

> 五四运动是反帝国主义的运动,又是反封建的运动。五四运动的杰出的历史意义,在于它带着为辛亥革命还不曾有的姿态,这就是彻底地不妥协地反帝国主义和彻底地不妥协地反封建主义。五四运动所以具有这种性质,是在当时中国的资本主义经济已有进一步的发展,当时中国的革命知识分子眼见得俄、德、奥三大帝国主义国家已经瓦解,英、法两大帝国主义国家已经受伤,而俄国无产阶级已经建立了社会主义国家,德、奥(匈牙利)、意三国无产阶级在革命中,因而发生了中国民族解放的新希望。五四运动是在当时世界革命号召之下,是在俄国革命号召之下,是在列宁号召之下发生的。五四运动是当时无产阶级世界革命的一部分。五四运动时期虽然还没有中国共产党,但是已经有了大批的赞成俄国革命的具有初步共产主义思想的知识分子。……五四运动是在思想上和干部上准备了一九二一年中国共产党的成立,又准备了五卅运动和北伐战争。

毛泽东的这一权威的、经典的看法,既新开天地,又一锤定音。日后,共产党的理论家、拥护者莫不在此框架之下论述五四,或者说在此框架下认识五四与中共的关系。比如,胡乔木在《中国共产党的三十年》中说到中共的成立时就这样说,中国共产党1921年的成立"不是偶然的","那是在世界第一次大战和俄国十月社会主义革命之后,在一九一九年五月四日开始的、中国人民反对帝国主义的凡尔赛和约并且一般地反对帝国主义封建主义的'五四'爱国运动之后","'五四'运动促成了中国工人运动和马克思列宁主义的结合，为党的成立作了准备"。

与共产党积极地将五四纳入党史、国史叙述相比，国民党很少将五四意识形态化，进而纳入国民党的党史、国史叙述之中。不过，这并不是说国民党一方就没有类似的将五四意识形态化的努力。无论何种政党，都不可避免将历史加以意识形态化，即将一切丰功伟业都"笼为己有"（章太炎语），国民党亦不例外。对于五四，国民党也不是没有这样的企图，只是最终未成气候而已。

与共产党将五四运动视为其自身历史"链条之一环"相比，国民党将五四运动视为其领导的国民革命"洪流之一支""大海之一勺"。这的确是两种迥异的思路。

1943年5月4日，《中央日报》发表《国民革命与五四运动》的纪念文章。文章起首称：

> "五四运动"的发生在民国八年夏天，"五四"距离辛亥革命是八年，"五四"到本党改组是四年。"五四"是一种思想运动，一种文化运动，也是一种爱国运动。综合研究"五四"运动性质与其因果，"五四"实是国民革命运动中一个支流，这一个支流，经过四年的时间，仍旧汇宗于国民革命的大海。所以"五四"运动若果有何贡献，这都是滋源于国民革命运动。

共产党视五四前承十月革命，后启中共建党，国民党视五四前承辛亥革命，后启国民党改组，两者何其相似。不同的是，就其地位而论，共产党是继而承之，融汇其间，国民党是覆而盖之，凌驾其上。以如此立场和视角来观五四运动，其意义和作用就大打折扣。

于是，我们就可以看到，在国民党看来，五四的民主和科学全已包含在总理和总裁的思想中了："就'五四'运动所提倡的精神而论，则当时所倡的所谓民主与科学，其要义绝没有超越三民主义的范围，全部民权主义，就是讲民主政治的。无论在理论或在办法上，比较欧美各国所实行及提倡者均较进步与完密。……总理遗教中讲科学的地方，真是不胜枚举。总裁对于科学，更有精深之理论。"至于五四事件中的"外争主权，内除国贼"，"不都是包括在三民主义的范畴中的吗？"

就以此"支流论"而言，五四的发生、经过和结果，亦莫不与国民党相关。

五四为国民革命所启示？

在国民党看来，五四的发生是受国民党所领导的国民革命所启发的："我们应该明了，民国八年的'五四'运动，系为国民党的国民革命所启示，乃克获得空前效果。"[30]有刘云非者在另一篇文章中论证得比较详细，他称这有两方面原因：一是"国父中山先生革命理论的鼓吹，对于'五四'更有莫大的启示作用"。他说，就如法国大革命是受卢梭学说的开导，俄国革命受马克思资本论和无政府主义思想的开导一样，五四革命的发生，"则是由于国父的三民主义和'孙文学说'的影响"，"固然，在五四运动中没有把三民主义的口号公开的提出，但其表现的精神则是受了国父革命思想的诱导，故能和三民主义的精神一致"。对于这一点，五四宣言的起草者罗家伦，虽未直接说到五四受三民主义之精神影响，但却也提到五四精神与三民主义的相合："仅就'外争主权'和'内除国贼'两句话来说，后来应用起来，就是'打倒帝国主义'和'打倒官僚军阀'两个国民革命的口号。

'争取国家的独立自由平等',也和这两句话在意义上方法上是一致的。它的反抗日本帝国主义的猛烈侵略和要求收回丧失的国权,和争取中国自由平等的民族主义相吻合;它的纠正与监督北京政府,和要求人民管理政治的民权主义相吻合;它的抵制日货、提倡国货,与主张发展实业的民生主义相吻合。"除了国父革命思想的诱导外,"国父中山先生所领导的革命运动,尤其是自辛亥革命以后的历次革命运动,对于五四实具有直接的影响作用"。辛亥革命后的"二次革命""讨袁斗争""护法运动",这一连串革命运动,"不但为五四运动开辟下顺利的大道,并且这种反抗不屈的精神,赴汤蹈火的气概,□为'五四'所接受了。试看'五四'当日青年奔走呼告的热情,空手赤拳一往直前痛打卖国贼的英勇,焚烧日货和打毁日人商店如火如荼的精神,可说都是辛亥革命运动以来,革命精神之再现"。总之,五四运动是受国父革命思想的诱导和辛亥革命后的历次革命运动的影响而发生的,因此,五四运动是"民国十五年国民革命军北伐的一个支流"[31]。这是国民党对"五四受什么样因素而触发的"这一问题的答案。

孙中山"监临"五四?

不唯如此,国民党有些人还认为,在五四运动中,孙中山还予以全程指导和领导。屡次执掌国民党宣传部的叶楚伧曾提到孙中山"监临"五四运动的情形。"监临"一词体现的不正是一种高高在上的姿态?这与"支流说"颇为神似。他说:"五四运动的前后,本党总理孙先生正在上海,知道这运动充满了青年爱国的纯洁情绪而又体会到环境的复杂,怕摧折了青年情绪的萌芽,立刻召集当时在沪的干部同志,分头指导,尽力扶护,到曹陆章署名消息到沪,便又立刻指示停止进行,恢复罢课罢市以前的原状,所以五四运动的经过是齐齐整整,五四运动的结果是圆圆满满,青年运动的萌芽从此滋荣繁茂,而且滋荣繁茂在困难环境之中了。"如此看来,五四运动的收发有序、进退有据,全赖孙中山先生的正确指导和民众对孙氏的信服。

对五四运动,叶楚伧总结了六点经验,他说:"(一)因青年先有了纯洁的动机,然后能感化及于群众;(二)因青年受了总理的感化,然后能发纯洁的动机;(三)因总理有了彻透的认识,然后有正确的指示;(四)因本党主义与总理精神之感化,然后能致青年之信仰与服从;(五)因有正确之指示,然后对于民众之动静有合理之定程;(六)民众运动合理的运静,然后能滋荣繁茂。"[32]在沪的孙中山自然关注轰轰烈烈的五四运动,并与一些学生代表有过深入的沟通交流。然而,孙氏是否果真左右了五四的进止、支配了五四的发展,恐怕得打个问号。他更多的是一个旁观者,或者参与者,而不是一个指导者,或者领导者。

当然,孙中山至少在三个方面参与了五四。首先,孙中山与南方军政府的岑春煊、伍廷芳、林葆怿、陆荣廷、唐继尧等人联名给徐世昌总统发去请求平情处置被捕学生的电文。其中有称:"青年学子以单纯爱国之诚,逞一时血气之勇,虽举动略逾常轨,情有可原。且此项问题,何等关系,凡属国民有常识者,无不奔走骇汗,呼号以求一当。义愤之余,疑必有人表里为奸,则千夫所指,证以平日历史,又安得不拼命以伸公愤。其中真象若何,当局自能明了,倘不求正本之法,但藉淫威以杀一二文弱无助之学生,以此立威,威于何有,以此防民,民不畏死也。作始也微,毕将也巨。"

其次,在上海寓所接见了北京学生代表并与之辩论。罗家伦回忆称:"五四那年我曾代表北京学生到过上海,第一次同其他两位代表一道谒见国父,以'初生之犊不畏虎'的精神和他剧烈辩论了三个钟头,而他始终娓娓不倦,越辩越起劲,硬是要说服我们!也可以见得他对于青年注意的强度了。"[33] 注意,学生拜访孙中山不是聆听教诲、接受指示来的,在有些问题上还和孙氏发生了"剧烈辩论",致使孙中山"硬是要说服我们"。1920年1月,孙中山也和前来拜会的张国焘、许德珩、康白情、刘清扬等四位青年就该进行直接暴动还是该进行思想革命发生了激烈辩论。许德珩以"责难式"的口吻"怼"他说:"孙先生也掌握过几万人的部队,何以革命还是失败了呢?新文化运动反对旧思想、旧势力,在那里艰苦奋斗,学生们赤手空拳不顾生死的与北京政府抗争,只因为还没拿起枪来,就不算是革命吗?孙先生的看法既然如此,怪不得国民党人总是说我们对北京政府存有幻想呢!孙先生似乎不仅瞧不起学生运动与新文化运动,又何尝注意过城市里的工人、商人和一般乡下老百姓的意见?看来孙先生只注重枪杆子不注重民众的了。"张国焘也说:"孙先生是我们所敬佩的人物,请问孙先生,过去的种种挫折原因何在?今日是否应该改弦更张?难道孙先生对今日青年的期待,仅是五百条枪的问题吗?"甚至有人这样说:"新形势和新势力的出现,往往不易为人所察觉,如果一位革命领袖没有看清新时代,不注重一般民众的动向,恐怕是要落伍的罢!"几个青年人轮番上场,"教育"孙中山,说得孙中山插不上嘴,"显得有些激动","时而有些不以为然的神情,时而也点头赞赏"[34]。可见,学生并不以孙中山之是为是。

最后,孙中山从五四运动中看到思想文化之于社会政治的力量,积极创办相关刊物。罗家伦说:"所以新文化运动一发动,他就在上海创办《建设》杂志,以积极的方案相号召,而命干部同志办《星期评论》，完全用语体文，俾与北大几个有力量的刊物相呼应。胡适之先生作文介绍他的《孙文学说》（以后改名《心理建设》），《新潮》的书评里推崇《建设》，其余互相讨论井田和其他问题的文章还很多。地虽隔开南北，声气却很相通。"《星期评论》于1919年6月8日在上海创刊，1920年6月终刊，由戴季陶、沈玄庐等编辑。《建设》杂志于1919年8月在上海创刊，由胡汉民、汪精卫、戴季陶、朱执信、廖仲恺五人组成建设出版社出版，1920年终刊，共出版13期。

这是孙中山与五四运动的一些关系。可见，要将孙中山在五四运动中的作用抬高到"指导"地位，就未免有些夸大了。

国民党党员蔡元培"同志"

虽说五四学生运动中没有党派的掺和，但至少在共产党一面，可以找出当时积极参与五四、日后成为中共重要领导人的陈独秀、李大钊、张国焘等人。可是，论理当年参加五四的罗家伦、傅斯年，包括新文化运动时的胡适可都是站在国民党阵营一边的，但由于国民党素来对五四反感，故对将五四拉到国民党一面并不积极。

其实，国民党有一个无论是在新文化运动中，还是五四事件中都起到推动和引导作用的灵魂人物，那就是中国国民党党员蔡元培先生。提到蔡元培先生，无论是学生辈还是老师辈，无论左派还是右派，无不敬重其高尚的情操、高洁的人格。孙中山说起蔡元培都称作"蔡先生"而不带名号，胡适教授都是以师礼相事蔡元培。

有了国民党员蔡元培，五四与国民党的关系就不是毫无关系，而是关系非比寻常。罗家伦说道：

> 五四运动虽然不是国民党所发动，但是精神上却与国父孙中山先生的主义是一致的。这关键在于蔡孑民先生身上。民国八年间廖仲恺先生对我说："当年范源濂先生任北京教育总长，要请蔡先生去担任北京大学校长的时候，马君武先生绝对反对蔡先生去，而总理却赞成蔡先生去。现在证明总理真有眼光和气度，蔡先生把革命的精神传播到北方去了！"言下有钦佩和得意的表情（那时国父和学生代表谈话，均称'蔡先生'而不带名号）。……蔡先生是同盟会的健者，始终是国民党党员，他有革命家的勇气，同时更有学人君子的气度与特立独行的精神。他是最不会宣传的人，他绝不做党的宣传的人，但是他宣传的力量最大，因为他真能励行"身教"，如胡适之先生诸位，当时都是蔡先生聘来的教授，但是他们后来都对蔡先生以师礼相事，"衷心悦而诚服，如七十子之服孔子。"这决不是偶然的事，国民党里面有这样一位哲人，发生这样大的影响，这段历史是很值得珍贵的。[35]

当然，人们似乎并不从党派的角度来看蔡元培在五四中的作用，蔡本人也"绝不做党的宣传的人"，以致人人只知有"蔡元培先生"，而不知有"蔡元培同志"。

1916 年 12 月，北洋政府任命蔡元培在北大任校长，而蔡是孙中山有意"安插"在北方政治中心的一枚"革命的棋子"，"是有党的背景的"。据黄季陆的回忆，1924 年 1 月 30 日，蔡元培当选国民党第一次全国代表大会第一届中央候补监委，会中有人议论称，蔡曾在北京政府势力下做过北大校长，"有依附军阀的嫌疑"，另外，蔡还"放纵青年学生思想左倾，仇孝非孔"。对于这种说法，"中山先生报以微笑，并轻描淡写的说：'你对蔡孑民同志有误会，此事非片言所能尽，我知道他最清楚，故我有此处置。'"黄季陆对堂堂蔡元培却只出任一"候补"中央监察委员感到不解，并把自己的疑惑告诉孙中山，孙委婉回答说："蔡孑民先生在北方的任务很重大，北方的政治环境与南方大不相同，他对革命的贡献是一般人不易了解的，本党此次改组不提他参加中央亦不好，使他在中央的地位太显著，对他的工作反为不便，他不会计较这些的，我希望他由欧洲回国后仍到北京去工作。"

据此，黄季陆说到蔡元培的使命和功绩，"蔡元培先生好似是预置隐伏在北方的文化教育界的极其重要的革命棋子，亦是北方革命的播种和耕耘者，在转移风气启迪民智上发挥了重大的革命功效。他的基本是北京大学，它爆炸出来的火花是新文化运动与民国八年5月4日的学生爱国运动，这是一次真正的文化的首都革命，影响及于此后的中国历史，是无与伦比的深远"[36]。罗家伦也说到蔡元培之于北方青年学生的模范作用。"他在当年八表同昏的北京环境里，揭示这种纯洁的理想主义，实在感动了一批青年"[37]。

如果要论五四之功，蔡元培当推首功。然而，似乎只有罗家伦注意到蔡元培的"同志"的身份。这一张"王牌""好牌"，国民党没有好好打，非但没有好好打，而且有人还要问蔡元培致使学生思想左倾的罪呢！

五四为国民党改组做了准备

和毛泽东关于五四的论述中提出五四为中共建党做了思想和干部上的准备颇为类似的是，国民党一方似乎也认为五四为1924年国民党的改组做了思想和干部上的准备。

1929年5月4日，罗家伦便称："五四运动的结果，因酝酿而促成国民革命，当时参加运动的人，都尽是国民党员，即或不是，亦大多数亦同情于总理的主义，没有不愿和国民党合作的。"1942年5月4日，罗家伦又称，五四运动后，人们不仅民族意识普遍觉醒了，而且政治也觉醒了，"受过五四潮流震荡过的人，青年以及中年，纷纷投身于国民革命"。"总理对于这个趋势，是感觉最敏锐，而把握得最快的人。他对于参加五四的青年，是以充分的注意，而以最大的热忱去吸收的。他在上海见北京学生代表，每次总谈到三四点钟，而且愈谈愈有精神，这是我亲见亲历的事实。所以民国十三年中国国民党改组前后，从五四运动里吸收的干部最多，造成国民革命一个新局势。不但在政治方面如此，在军事方面也是如此。"1942年，有刘云非者说到五四运动的影响时说，"'五四'使革命青年以三民主义的旗帜下，为国民革命而奋斗"。"当时的中国国民党刚改组过来，积极而富有生气，于是大批觉悟了的青年都纷纷地加入黄埔军校及其他训练机关，组成了国民革命军的军事和政治的基本干部。"1943年《中央日报》发表纪念五四文章亦云："参加'五四'的人物，后来有许多到广东参加国民革命。总裁最近曾说：'北伐是中国青年近时的一个大集会。'五四运动对这一点有极大的功绩。我们上面所说的五四运动这个支流，最后汇宗于国民革命的大海，不惟精神上如此，人物与行动亦是如此。"1943年，罗家伦又说："国父把握住了五四运动时期的青年爱国狂潮，吸收了当时无数热烈纯粹的青年，以完成了民国十三年中国国民党的改组和黄埔的建军伟业，这是中国青年的第二次大团结。"因此，用包遵彭的话来说，就是五四运动"导引以后中国国民党第一次全国代表大会与北伐大革命的开展"。

　　国民党败退台湾后，到了1950年，罗家伦仍旧调重弹："五四的时代，全国的青年确是动起来了。爱国的热忱，常求发泄的尾闾，其中有一部份或是受了国父直接的感动，或是响应主义的号召，纷纷加入了中国国民党，而以在十三年改组时期加入的为尤多。十三年的改组以至北伐时期，党里面蓬蓬勃勃的青年朝气，正是因为大量吸收了五四运动培养出来的新血轮。现在有一位在此地身负重望的主将，于对日抗战时期在重庆对我说：'五四运动的时候，我在本省中学读书，受了这个潮流的感动，我极仰慕北京大学，想去投考，不料没有考取，结果考取了保定。'我说：'幸而你没有考取北大，不然，现在却少了一员抗日的大将！'至今戡乱时代，我对他当年的幸运更发生同样的感觉。这不过是一个显著的例子。可见一个大运动的波浪，不知道流到何处何时，都有意想不到的影响可以发生。"[38]

罗家伦等人将五四与国民党"一大"、北伐联系起来，这与毛泽东将五四与中共一大、北伐联系在一起的方法如出一辙。

国民党常从三次"青年大结合（团结）"来谈青年运动，即辛亥革命推翻清朝、北伐统一全国、抗战抗击日寇这三大历史事件中体现的三次"青年大团结"。而"五四"正处于这第二次"青年大结合"之中，只是在蒋介石的说法中，这第二次"青年大结合"却找不到五四的影子，蒋说："第二次全国青年的大结合，是在民国十三年本党举行第一次全国代表大会之后，总理一方面着手于健全党的组织，一方面创办黄埔军校，使全国青年集中在黄埔的旗帜之下，共同奋斗，这一次全国青年的大结合，肃清了广东省内一切革命的叛逆，完成了北伐与全国的统一，奠立了我们今日取消不平等条约的基础。"

五四乃"国民革命之支流"。五四的发生受中山思想和辛亥以来历次革命运动的启发,五四的发展得到孙中山的正确指导,五四的结果为1924年国民党"一大"改组、随后的北伐准备了思想和干部。一个国民党的意识形态化的五四呼之欲出。

成败迥异的阐释

我们将国共两党对五四的阐释对比一下,可以看出,这是两个截然不同的五四。

国共两党的五四观

党派	五四定位	五四发生	五四发展	五四结果
国民党	国民革命的支流	国父革命思想和辛亥以来历次革命运动的感召	国父"监临"	为1924年中国国民党改组、北伐准备了政治干部和军事干部
共产党	无产阶级世界革命的一部分	世界革命,俄国革命,列宁的号召	部分后来成为共产党重要成员的人士("前共"参与与推动)	为1921年中国共产党成立、北伐在思想上和干部上做了准备

论理,与共产党相比,国民党将五四加以利用的资源更多,然而却始终未能深入人心。何故?恐怕还是五四的"反政府"的精神和传统所致,实际上,国民党吃尽了五四"反政府"精神下学生运动的"苦头",非不能也,实不愿也。

要之,在五四"理论战"上,以毛泽东为代表的中国共产党形成了影响深远的经典论述。对国民党来说,虽然他们也有征用五四的冲动和相应的论述,比如,视五四为"国民革命大海之支流",但终因缺乏情感基础和充分理由而未成气候。

综上，从 1937 年全面抗战到 1949 年国民党崩溃的十三年时间中，从国共两党将五四设置为不同性质的节日（国民党定之为文艺），可以反映出国共两党对五四的不同观点。前者将之视为思想文化运动，后者将之视为社会政治运动。而这不同的观点是由五四的社会政治运动的性质以及其中的"反（卖国）政府精神"和国共两党所居的不同地位所决定的。国共两党对五四截然不同的立场、态度和阐释正是两党对抗和斗争的一个反映。

注释：

[1]《为纪念中国青年节联合宣言》，《中国青年》1939 年第 1 卷第 2 期。杨琥编：《民国时期名人谈五四：历史记忆与历史解释》，福建教育出版社 2011 年版，第 544 页。

[2] 毛泽东：《五四运动》（1939 年 5 月），《毛泽东选集》第 2 卷，人民出版社 1967 年版，第 524 页。

[3] 毛泽东：《青年运动的方向》（1939 年 5 月 4 日），《毛泽东选集》第 2 卷，第 526—530 页。

[4]《延安各界青年万余人举行纪念五四廿周年庆祝首届青年节大会》，《新中华报》1939 年 5 月 7 日，第 3 版。

[5]《呈请规定青年节：五月四日》，《申报》1939 年 4 月 15 日，第 4 版。

[6]《发扬五四精神，青年界团结奋斗》，《申报》1940 年 5 月 4 日，第 9 版。

[7] 君实：《文艺节》，《开明少年》1946 年第 11 期，第 10 页。

[8] 中华全国文艺界抗敌协会总会：《为纪念文艺节公启》，《抗战文艺》1945 年第 10 卷第 2、3 期，第 1 页。

[9] 郑振铎：《迎"文艺节"》，《文艺复兴》1946 年第 1 卷第 4 期，第 386 页。

[10] 中华全国文艺协会总会：《纪念第二届"五四"文艺节告全国文艺工作者》，《抗战文艺》1946 年第 10 卷第 6 期，第 36—37 页。

[11]《中华文艺协会港粤分会为"五四"第二届文艺节纪念宣言》，《文艺新闻》1946 年第 7 期，第 3 页。

[12] 郑振铎：《说"文艺节"》，《联合日报晚刊》1946 年 5 月 2 日，杨琥编：《民国

时期名人谈五四：历史记忆与历史解释》，第558—559页。

[13] 孔另境、安娥、范泉：《五四文艺节座谈会》，《文艺春秋》1947年第4卷第5期，第2页。

[14] 虽然国民政府于1944年将"青年节"从"五四"改为"三二九"，但我们可以看到，有的地方仍以五四为青年节。1946年，有人在山西省长治市武乡县看到乡民们开始过一些"新节气"，如三八妇女节、四四儿童节、五四青年节、六六教师节、七七全民抗战团结节等"新节日"（郑笃：《武乡乡居杂记（一）》，《人民日报》1946年11月10日，第3版）如果说这在解放区不足为奇的话，在1949年5月4日，国民党败逃前夜的上海仍纪念"五四青年节"，（《各界纪念青年节，方治致词激励》，《申报》1949年5月5日，第3版）。可见，五四"青年节"可谓深入人心。当然共产党也承认"五四文艺节"。1947年5月4日《人民日报》还载有苏联作家法捷耶夫、萧洛霍夫、西蒙诺夫、梯航诺夫等电贺五四中国"文艺节"的消息。（《苏联作家联盟电贺中国文艺节》，《人民日报》1947年5月4日，第3版）

[15] 边区文联，边区文协分会：《纪念"五四"及文艺节》，《人民日报》1947年5月4日，第4版。

[16] 《政务院举行十二次会议通过节日放假办法，通令全国各地遵行》，《人民日报》1949年12月24日，第1版。

[17] 《青年团中央决定"五四"中国青年节为青年团成立纪念日》，《光明日报》1950年4月11日，第1版。

[18] 周策纵：《五四运动：现代中国的思想革命》，江苏人民出版社2005年版，第3—4页。

[19] 高良佐：《青年运动的检讨》，《大公报》1939年5月2日，第4版。

[20] 中共中央文献研究室编：《毛泽东年谱（1893—1949）》中卷，人民出版社、中央文献出版社1993年版，第136页。

[21] 殷海光：《重整五四精神》，《殷海光全集》第11册《政治与社会》（上），林正弘主编，台北：桂冠图书股份有限公司1990年版，第459—460页。

[22] 《五五经济晚会》，风雨社编：《五四在北大》，风雨社1947年版，第17页。

[23] 冯友兰：《五四纪念笔谈》，《光明日报》1950年5月4日，第3版。

[24] 殷海光：《五四与今日》，《殷海光全集》第11册《政治与社会》（上），第3页。

[25] 呐喊：《傅斯年》，风雨社编：《五四在北大》，风雨社1947年版，第41—42页。

[26] 陈果夫、邱培豪：《时光的步调：中华国民生活历》，陕西人民出版社2013年版，第136页。

[27] [29] 社论：《五四运动与今后学生应努力之新途径》，《中央日报》1931年5月4日，第3版。

[28] 《五四运动资料特辑·编后记》，新时代出版社1947年版，第45页。

[30] 《发扬五四精神,青年界团结奋斗》,《申报》1940年5月4日,第9版。

[31] 刘云非:《国民革命与五四运动》,《中国青年》(重庆)1942年第6卷第5期,第49—50页。

[32] 叶楚伧:《总理监临下的"五四运动"》,《五四运动资料特辑》,新时代出版社1947年版,第9—11、13—15页。

[33][35] 罗家伦:《五四的真精神》,《中央日报》1950年5月4日,第2版。亦可见《罗家伦先生文存》第1册,中国国民党中央委员会党史委员会1976年版,第317—318页。

[34] 张国焘:《我的回忆》,东方出版社1998年版,第72—73页。

[36] 李敖:《李敖自传》,中国友谊出版公司2010年版,第112—113页。

[37] 罗家伦:《五四的真精神》,《中央日报》1950年5月4日,第2版。亦可见《罗家伦先生文存》第1册,第315页。

[38] 罗家伦:《五四的真精神》,《中央日报》1950年5月4日,第2版。亦可见《罗家伦先生文存》第1册,第318页。

"历史证明：中国青年是不可征服的。'五四'以来，他们反抗外来的法西斯侵略者，反抗国内的法西斯压迫者，站在英勇斗争的最前线，不愧为中华民族的优秀儿女。"(《解放日报》1946年5月4日社论)。图为漫画《五四运动后中国的民众》。

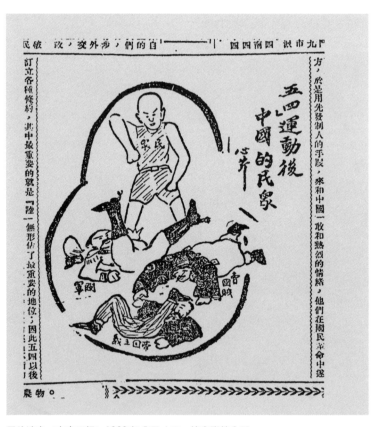

图片选自《中央日报》1928年5月4日，第2张第3面

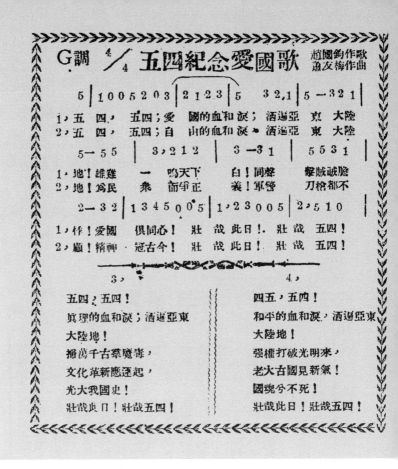

图片选自《中央日报》1928年5月4日，第2张第3面

"强权打破光明来，老大古国见新气！国魂兮不死！壮哉此日！壮哉五四！"图为《五四纪念爱国歌》。

1939年3月，五四二十周年之际，陕甘宁边区西北青年救国联合会正式向政府、社会、青年团体提议，将每年的5月4日定为"青年节"。当年5月4日下午6时，延安各界青年万余人举行纪念五四廿周年、庆祝首届青年节大会。会上，毛泽东发表了《青年运动的方向》的演讲，并接受延安市全体青年敬献的锦旗和献词。图为延安青年敬献毛泽东的献辞。

献词

亲爱的毛泽东同志：

我們延安市全體青年在紀念五四廿週年及慶祝西青救成立二週年和首屆中國青年節的大會上謹向您——中國革命領袖致崇高的敬意，並獻旗一面，寫着新中國的火炬！您所領導的中國共產黨是中國人民的救星。中共所提出與堅持的抗日民族統一戰綫政策是完全正確的，遵循着這個政策我們定能打到鴨綠江邊，收復一切失地，粉碎日本帝國主義，而建立起獨立、自由、幸福的新中華民主共和國！

中國共產黨是青年的最好的朋友，我們青年時刻受到他的親切愛護和熱烈指導。中共對我們青年的幫助，使我們獲得無限的自信心，去爲了中國人民的澈底解放事業而奮鬥到底！

毛澤東同志！我們向您宣誓：我們一定要用自己一切力量去實行您向我們青年所指示的任務——把自己的工作與工農民衆結合起來，到民衆中去，變爲民衆的宣傳者與組織者！

希望您常常的指導我們。

祝您的健康！

延安市全體青年敬獻

选自《新中华报》1939年5月7日，第3版

上海会文堂新记书局印行 1935 年版

通俗历史小说家蔡东藩将五四运动的经过写入他的《民国通俗演义》之中。图为有五四运动内容的《民国通俗演义》书影。

中华人民共和国成立后,结合时代的主题,隆重纪念五四运动。图为1959年周恩来、陈毅等人参加北京的五四青年节活动之情形。

图片选自《人民画报》1959年第10期

文物出版社 1959 年版

图为北京大学"五四运动"画册编辑小组所编《五四运动》书影。

附录

用强力拥护公理*

■ 陈老师，众所周知，闻名于世的五四运动因青岛而起，您是如何看待五四运动之于青岛这座城市的意义的？

□ 我觉得青岛这个地方固然有其人杰地灵之处，但如果没有它在近现代中国的"特殊遭遇"，特别是1919年的"五四运动"，青岛恐怕要"泯然众地矣"。因为它和全国其他地方、特别是中国沿海很多地方一样起初并无二致。你看你们小鱼山上览潮阁里悬挂的清末时青岛未经开辟时的图片，就知道中国这样的地方恐怕还不少。

"还我青岛"，是五四的肇因，也是五四的口号之一。当初可是全国人民争青岛，保青岛。以写鸳鸯蝴蝶小说而著名的作家周瘦鹃曾这样雄壮地说，"须知此青岛者，寸寸为我祖国之土。青岛一日不归我，即一日无以对祖国。苟不得已而出于决裂，则当与中原十万健儿，长驱而东，立马富士山头。大声疾呼曰：还我青岛！请看他日之青岛，毕竟谁家之天下。"也正因为全国人民争青岛，青岛这个地方在"空间轴"上看就具有了"全国性"意义，也就是说它不只是一个"地方性"城市了。

此外，"五四运动"又被视为近代中国思想、社会、政治运动的一个"转折点"，这时，青岛又幸运地在中国近代史这个"时间轴"

---

* 本文系2016年答《半岛都市报》记者张文艳的内容，其主要内容发表于《半岛都市报》2016年5月3日，A23、24版。

中被赋予一个光荣的"历史"地位。可以说，正是五四把青岛推上历史的舞台。

■ 青岛之所以成为五四运动的"导火索"又与德国、日本这两个帝国主义国家在青岛的陆续"登台"有着密切关系。

□ 德国曾于1898年以此前两名传教士被害为借口强迫租借青岛。德国人为什么看中青岛？主要是青岛的地理优势决定的，那就是首先要符合军事目的，当时帝国主义都是从海面而来，劳师远侵，没有沿海港口作为停泊地，就无立足之地，而胶州湾水深，足以通过大型远洋舰船，适合建港。德国就这样"相中"了青岛。

一战爆发后，日本在中国土地上向盘踞青岛的德军开战，这一方面固然是为其盟国，特别是英国"排忧解难"，另一面却是报二十年前的"一箭之仇"。

二十年前的1895年，甲午战争后，日本在马关勒索了中国的台、澎、辽东，日本的贪婪让俄法德三国"受不了"了，他们"友好"劝告日本吐出辽东，日本见犯了众怒，决定向列强低头，最后让中国以三千万白银"赎回"辽东。"小人记仇，十年也短。"日人蒙此羞辱，"卧薪尝胆"，1904年到1905年间，日俄在我东北开打，日本将俄国打败，报得此仇。二十年后，1914年，一战爆发，日本向德国宣战，要求德国撤出其所占中国的胶州，注意，这时，"日本政府显然并没有忘记一八九五年德国公使致陆奥宗光和林董两位伯爵的那份照会的内容和形式"。

日本攻打在青岛孤立无援的德军，在一定程度上有益于后来的抗战。此话怎讲？我们知道，军事家蒋百里那句闻名一时的抗战名论"胜也罢，败也罢，就是不要同他讲和！"为中国抗战指出一条正确的路径。可是，这句话从何而来？据蒋自云，他是在德国森林迷路时结识的一个德国仙翁给他的临别赠言。而这个"虚无缥缈的仙人"并非虚构,实有其人,此人便是德国人欧斯特先生,而他就是当时驻防青岛的德国远东舰队舰长。当初日人攻下青岛,他被俘并解往东京,当了三年战俘,他在这段战俘生活中潜心研究日本。后来将他的"不要同日本讲和"的研究结果贡献给蒋百里。当然,蒋百里本人也是日本通,自然不会不知道同日本是只能血拼到底、不能讲和的道理。

■ 您本人是否来过青岛,对青岛了解有多少?

□ 今天很多中国人对青岛的认识和了解,恐怕第一就是旅游度假,这也是有原因的。我后来出版过一本书专门是讲"消费性休闲"的发生,即在现代这个社会,特别现在的城市生活中人为什么特别需要休闲,以至于不旅游、不休闲就好像活不下去一样,而过去我们的生活,特别是城市生活并不是这样,这里不必详谈。我是2014年夏天来青岛的,也是基于此目的,带小孩子玩沙滩什么的,其实这样的地方中国多得是。

可以说,今天,旅游度假成了青岛之于全国的最大价值和意义所在。而前面所说的五四运动的历史、意义和精神已被时间所淡化,或不为一般人了解、在意,包括我本人在内。当我去青岛带小孩去海滩玩沙的时候,我从没想到这是当年全国上下各行各业誓死捍卫的地方。只是有一次,在车上看到路边闪过一个"五四广场",我自己才从旅游的情境中回过神,哇!原来这个城市居然与五四有关!这才提醒着我们青岛的另一重意义。今天我们在青岛欣赏红瓦绿树、碧海蓝天,摩挲昔日殖民者遗留下来的建筑,却忽视了另一段悲壮而光荣的历史。今人多视青岛为旅游胜地,而忘其为昔日之"五四焦点"。

■ 看顾维钧关于巴黎和会的回忆文章，他似乎将王正廷说得很不堪，我们在历史上对王正廷一般也是肯定的，您认为顾的回忆的真实性如何？

□ 论理，中国外交使团使命很单纯，就是将青岛从一战的失败者德国手中顺利收回，而不能使它落入日本手中。在国家大义面前，理当团结一致、共同对外，将个人荣辱置之度外。然而也让我惊诧的是，这些外交代表团团员之间居然有这么多的龃龉和摩擦。比如，中国代表团五个人的"排名"问题，竟使得五位代表之间矛盾重重。

排名令人头疼，排名埋下矛盾。巴黎和会的中国五个代表，除陆徵祥总长当然排名第一，魏宸组资格虽老，但负责公文撰写，加之其风格高尚，排名第五，本人并不介怀外。剩下的王正廷、施肇基、顾维钧三人如何排序就令人头疼了。影响排序问题的因素两个：一曰"南北矛盾"，一曰"个人矛盾"。

这三个人的排名首先要照顾到南北分裂和对立的现实。当时王正廷是作为南方军政府代表参加中国代表团出席巴黎和会的，陆徵祥为使中国能够对外显得团结一致，感到有责任、有义务为王正廷保留第二代表的位置。可是，北京政府更倾向于将年轻有为并熟悉中日外交交涉的顾维钧列为第二代表。这是排名中的"南北矛盾"。

可是将顾维钧列为第二代表，非但不能让王正廷满意，而且还让施肇基"不爽"。顾维钧虽有能力，又曾办过中日交涉，"业务熟悉"，但论资历却不及施肇基，让一个外交"老前辈"屈居于"小年轻"之下，难免要"闹情绪"，这便是中国人最熟悉不过的"论资排辈"了。

其实中国虽派有五位代表，却因系"弱国"，只拥有两个正式席位，如要参与会议，只能是不固定地派出两人轮流出席而已，而且事实上也没被邀请参加过几次会议。与国家利益、民族利益相比，政治利益、个人名誉实在应当退居其次。和会还没召开，代表们就很"闹心"。随后的工作中勾心斗角、摩擦不断、矛盾激化，以至抱病在身的中国代表团团长陆徵祥一气之下不辞而别，躲到巴黎西郊的圣克卢医院养病去了，让人唏嘘。

■ 和会期间，上海的报纸上还传出顾维钧将与曹汝霖的女儿订婚的传言？

□ 在和会期间，《字林西报》发出顾维钧和中国政坛著名的"亲日派"首领、当时人人喊打的"卖国贼"曹汝霖之女订婚的"八卦"。这对顾维钧来说是晴天霹雳，他查得此一谣言传播路径是由巴黎传往广州再传往上海，于是，就当面质问王正廷，是不是他之所为，王当时"满面通红"，但辩称"有闻即报是我的责任"。这虽表面看来是王正廷针对顾维钧个人的谣言，但这个"八卦"反映的却是当时尖锐的"南北斗争"的现实。也就是说，在当时，"谁代表中国"，这才是谣言产生的关键所在。

■ 王正廷本人是否对当年参加和会的情形有过叙述？

□ 王正廷有自己的英文回忆录 Looking Back and Looking Forward，收藏于耶鲁大学王正廷个人档案中，英文版由日本的服部龙二编有《王正廷回忆录（Looking Back and Looking Forward）》一书，2008年由东京的中央大学出版社出版。有中译本译为《顾往观来》，2012年4月由香港凌天出版社出版。大陆没有出版，但我们可以看到。

该书第10章"巴黎和会"（The Paris Peace Conference）和第13章"山东问题"（The Shangtung Question）与五四运动相关。前者介

绍了参与巴黎和会的前前后后，但没有涉及顾维钧回忆中提到的代表团内部的龃龉和矛盾。后者是巴黎和会后，华盛顿会议解决山东问题时，王被任命为"胶澳善后督办"，在国内和日方具体处理青岛交接事宜。

■ 曹汝霖在其回忆录中始终表示自己当时就躲在家里，而学生们却都说他当时跑掉了，您认为哪一种看法合理？

□ 学生在曹府火烧赵家楼的时候，曹汝霖当时在哪儿有很多说法，曹的几个家人异口同声地说到曹化装后，从后门仓皇出逃，有人说"曹贼逾墙逃走，跌伤一腿"，说得"有鼻子有眼"。

至于藏身何处，我倾向于曹本人的记述，而且这也没有作伪的必要。他说，他当天一直就躲在他与他妻子的卧房和两个女儿的卧房中间夹着的、两面都相通的箱子间，直到学生散后，警察来了，他还都一直躲藏在屋子里，而学生们却没找着他。他也由此躲过"一劫"。他说："我于仓猝间，避入一小房（箱子间），仲和由仆引到地下锅炉房（此房小而黑）。这箱子间，一面通我妇卧室，一面通两女卧室，都有门可通。"他说得很清楚，他只能老老实实地躲在室里，听着外面的打砸声，躲过一劫，捡回性命。以躲避不及的章宗祥的遭遇来看，曹要是被学生发现了，估计很可能没命。他在当时可是人人欲诛之而后快的"天字第一号""卖国贼"。

■ 曹汝霖曾在回忆录里说，学生运动开始是出于爱国心，后来被政治集团利用、操控，您同意他的观点吗？

□ 曹汝霖晚年撰写的个人回忆，内容质实，态度诚恳，自己虽在当时及后世被视为"卖国贼"，可谓"身败名裂"，但对纯粹出于爱国之心的学生的越轨行为尚能抱以宽容和理解的态度，实难能可贵，颇具绅士风度。

  的确，他认为学生为人利用。比如，徐世昌利用学生运动以剪除段祺瑞羽翼，排挤段祺瑞等。由于曹汝霖置身民国复杂政局、人物关系网络之中，有些事件动机倘非其本人交代、点破，外人、后人、研究者几乎无法悬揣。

  应当有一些政治力量和人物想"利用"学生运动达到一定目的。比如，有一些人物和一些政治势力当时就主动捐钱给学生，但都为学生所拒绝，以免沦为某些力量的工具。看来要"操纵"学生恐怕不那么容易。

  利用学生的人一定有，但不是所有支持学生、反对他的人都是有动机的。我觉得曹汝霖有些分析并不一定准确。比如，他举了一个例子，他说林徽因的父亲林长民曾经抬了棺木在旁，在街头演说，大骂他亲日卖国，鼓动学生。后来又帮助学生，设立学生联合会，派学生赴上海联络，且运动商会，要求罢市。似乎林长民足以操纵学生。

  当时参与运动的学生王抚洲后来看到曹对林的评价后就说，曹汝霖"未免过分高估了林长民，低估了当时的大学生，更可以说，曹先生始终不认识当时国内的情势，国人的情绪，与他个人的真正处境"。因为，当时情境下，人人痛恨日本，转而憎恨亲日派外交官员，而曹汝霖又是亲日外交家的首领。在这种情形下，他是处于一个"千夫所指"的境地，不需别人煽动，也不是谁能煽动得了的。

  当时还是清华学生的梁实秋回忆说："这个运动由学生掀起，是自动的，没有人指使，也没有人操纵，只是爱国的热情表现。"明确说没人指使，没人操纵。当时上午做主席，下午扛大旗的北大学生傅斯年也说，他"深知其中的内幕，那内幕便是无内幕"。应当说，学生运动纯粹出于爱国，自动自发，无人操纵。

■ 关于五四的回忆文章应当说比较丰富，您认为作为一个读者应该如何看待这些庞杂的回忆材料？

□ 人们常说"真理愈辩愈明"，事实上，"真相愈辩愈晦"。如果文献少了，事情往往很明了，如果文献多了，事件往往就说不清了。这就是"你不说我倒明白，你越说我越糊涂"。这是因为事实虽然是曾经客观发生过的，唯此一个，但由于客观条件（记忆力、感受力等），更是由于主观条件（喜好、利益、立场等）的制约，不同时代、不同身份、不同人物对同一件事情自然有着多种的，有时甚至是截然相反的认识。对五四事件的叙述同样如此。

我在编《五四事件回忆：稀见材料》（生活·读书·新知三联书店 2014 年版）一书时，在前言中就说到这个问题，若不嫌重复，我就转述于此。

比如对于"火烧赵家楼"这一五四事件的高潮，普遍的叙述会称此举为"英雄壮举"。可是即便在当时，人们也不全这样认为。当初一同到赵家楼的毛子水就称，"后来看到火从曹家烧起来，又见到有人打了驻日公使章宗祥，我觉得做得有点过火了。还没有法律定罪的事，怎么可以先诉诸武力？"五四后的第二天，为学生教授刑法课的总检查厅检查官张孝簃称学生行为是"法无可恕，情有可原"。梁漱溟更是在《国民公报》上发文称："在道理上讲，打伤人是现行犯，是无可讳的。纵然曹、章罪大恶极，在罪名未成立时，他仍有他的自由。我们纵然是爱国急公的行为，也不能侵犯他，加暴行于他。"在这些不同的叙述中，"火烧赵家楼"就呈现出了一个复杂的面目。

就是对"参加五四运动"一事，各人性情不同，参与的热情度亦不同。比如，对王统照来说，可谓热血沸腾，他说，"我第一次感到群众力量的重大，也是第一次沸腾起向没有那么高度的血流。"恽代英也说，当学生游行到曹宅门前时，"血球是如何的沸腾啊！"但对那个比有的学生还年轻的梁漱溟老师来说，却是冷眼旁观，梁就称，"我没有一种很激昂的情绪，没有跟着大家跑"。

甚至曹宅门墙到底是高是低，也是言人人殊。当时在墙外的周予同说，"我们打算爬墙进去，碍于宅子的围墙相当高，没有成功"。另一个学生田炯锦也称"曹宅坐北向南，墙壁很高"。陶希圣回忆也称"曹宅的墙很高，大门紧闭"。可是，对曹汝霖来说，他家的院墙并不高啊，曹称"我家向无警卫，墙不高，门又不坚"。这其实是不难理解的，不同的人，立场不同，感受不同，叙述也不同，对要逾墙而入的学生来说，再低的墙也都会觉得高，而对祈祷平安的曹汝霖来说，再高的墙都会觉得低。

至于基于不同的政治立场来论五四，其观点更是截然相反，针锋相对。

朱维铮先生在他的文章中常用"实相"，而不是"真相"这样的词，在他看来，"真相是绝对的"，而"你看到的只能是一个方面"，你得到的往往是"实相"，而不是"真相"。可以说，几乎在五四事件的每一个环节，我们都能找出或互相补充或自相矛盾的不同叙述，而正是这些不同的叙述不断地修正着我们的认识，以便达到最大限度的真实。因此，对于五四的回忆材料不必担心有矛盾、不一致，材料唯恐不多，多多益善。

■ 杨振声作为五四亲历者，同时也是被捕学生之一，他后来的回忆五四的文章中从新文化运动述起，讲到当日的学生活动，似乎认识比较深刻，您如何看他的回忆文章？

□ 我不认为杨振声的认识有多"深刻"。他的五四回忆无非是将此前的"新文化运动"与后来的五四"抗日爱国运动"并置一起，强调这两者的先后关系、因果关系，这也是后来很多人回忆五四的常见路数。我们已很熟悉这样的叙述。当然不能说这两者没有关系，新思想启蒙可能"潜在"地支配了1919年的学生行动，但最多是"隐性"的、间接的、曲折的。从"显在"层面来看，这两者也可以说没多大关系。后者纯粹是山东问题引发的抗日爱国事件。后来追随国民党逃到台湾的一批人就持这样的看法。陶希圣就说："五四运动的起因与白话文或文学革命没有什么关系。"田炯锦也明确说五四运动与新文化运动是"两码事"，参与其中的也是"两拨人"。"五四运动努力的人，对新文化运动，甚少参预，而新文化运动的领导人们，亦很少参加五四的行动。"他批评将五四抗日事件与新文化运动勾联起来的说法。"不少的人甚至将文学改良运动，新文化运动与五四运动混在一起；于是随其心之好恶，将'五四'以前数年的某些事实，与'五四'以后许多年的某些事象，都记在五四的功劳簿上或罪过册上。"当然，他们这样刻意否认两者的关系是有其意识形态因素的，但今天，我们撇开意识形态的因素，这些说法和我们惯常所接受的观点大相径庭，颇让人耳目一新。

■ 对于巴黎和会中国所遭受的不公待遇，以及此后青岛主权艰难收回，您觉得我们能从中得到什么样的启示？

□ 巴黎和会列强虽为了俯就日本，无端牺牲中国利益，但在国内民众热烈抗议、巴黎学生工人的监视等强大压力下，中国代表最终拒绝在对德和约上签字，日本在和会上将德国在青岛的"权益"全盘接手的梦想落空。此后在美国建议下，1921—1922年召开了华盛顿会议，中日谈判解决山东问题。谈判结果是中国全面恢复山东主权，但日本也绝不会空手而归，日本在该区域内的既得利益也要得到"尊重"。这是个"只能如此"的结果。

五四事件对当时乃至今天的国人留下一个重要的教训，那就是：公理的实现是要靠强力来护佑的。当初，我们曾认为"有理走遍天下，无理寸步难行"，却发现结果是"有力走遍天下，有理寸步难行"。你所处的世界是一个李大钊所说的"强盗世界"，你光凭口舌，要从恶犬口中掏出它叼在嘴里的肉，无异于"与狗谋皮"。但如果你操一大棒，它往往就乖乖地吐出肉来，然后夹着尾巴逃走。

　　当时陈独秀就称，如果这个事件中，"仅仅知道愤恨，仅仅知道责备日本、抵制日本，而且眼光仅仅不出一个山东问题"，那"这种觉悟很不彻底，简直算得没有觉悟"。人们应当有一个"不能单纯依赖公理的觉悟"。"我们不可主张用强力蔑弃公理，却不可不主张用强力拥护公理。我们不主张用强力压人，却不可不主张用强力抵抗被人所压。"如果没有捍卫公平、正义、真理的力量，一切都是零。"用强力拥护公理"，陈独秀的这个觉悟是从当年的令人悲愤的现实中所得的深刻教训，这个教训或者说觉悟在今天国际关系中仍不过时。

图书在版编目(CIP)数据

五四细节/陈占彪著. —上海：复旦大学出版社，2019.4
ISBN 978-7-309-14197-9

Ⅰ.①五… Ⅱ.①陈… Ⅲ.①五四运动-通俗读物 Ⅳ.①K261.109

中国版本图书馆 CIP 数据核字(2019)第 038899 号

五四细节
陈占彪 著
责任编辑/史立丽

复旦大学出版社有限公司出版发行
上海市国权路 579 号 邮编：200433
网址：fupnet@fudanpress.com   http://www.fudanpress.com
门市零售：86-21-65642857   团体订购：86-21-65118853
外埠邮购：86-21-65109143   出版部电话：86-21-65642845
崇明裕安印刷厂

开本 890×1240 1/32 印张 8.125 字数 193 千
2019 年 4 月第 1 版第 1 次印刷

ISBN 978-7-309-14197-9/K·692
定价：48.00 元

如有印装质量问题，请向复旦大学出版社有限公司出版部调换。
版权所有　　侵权必究